Mein Alter und sein Reichtum

August-Wilhelm R. F. Beutel

Mein Alter und sein Reichtum

Mauerblümchen und Looping

Das Problem: Romantik
Meine ureigene Bioigraphie

Bibliografische Information der Deutschen Nationalbibliothek:
Die Deutsche Nationalbibliothek verzeichnet diese Publikation
in der Deutschen Nationalbibliografie; detaillierte bibliografische
Daten sind im Internet über http://dnb.dnb.de abrufbar.

© 2019 August-Wilhelm R. F. Beutel
Satz, Umschlaggestaltung, Herstellung und Verlag:
BoD – Books on Demand

ISBN: 978-3-7494-1585-4

Mein offenes Inhaltsverzeichnis

Themen von I–VII

Mit einem Kreuz (X) angekündigt aus meiner Arbeit:
»Der romantische Realist«

Einleitung in das Licht

Mauerblümchen, so wurd' ich geboren.
Der Krieg zersplitterte die Mauer:
mein Elternhaus dahin. Erkoren
an einer Wand entlang, dem Entlostower

zog mein Blick, ich, Blüte noch,
in endlose Fernen. Gegeben
durch das »elterliche Joch«.
Traditionen, familiär, weiterzuleben.

Wieder und wieder war der Mauerfall
ein ständiger Aufbau
bis zum Looping, das Öffnen der Kreise:

(1) »Die Blüte selbst ist die Frucht.« Sie ist der Ball,
der hinausflieht in den Morgen-Tau!
»Ich habe mir selbst nachgeforscht«, mir zum Beweise!

… so erlebte ich den Looping: Krieg
als Kategorie.
Es war Nacht!

Dilthey

Bestandsaufnahme: Das Wort, die Wörter

Friedrich Nietzsche schrieb einstmals: »Ich gebe Euch das tiefste Buch …!«
›Ich‹ dagegen gebe Euch mein wortloses Buch, denn jedes Wort ist so ungesagt und ungeschrieben wie das Jahr:
wenn es beginnt.
Schnee!
Weiß bedeckt Feld und Flur.
Selbst das Dorf und die Stadt sind
wortlos in Weiß getaucht:
Sprachlos allemal – weiß, unbeschrieben.

Dann öffnet sich im Sonnenblinzeln
scheinbar totes Astgewirr in zartestem Grün,
das je ich sah,
im Blickbereich der Sonne.
Zählbar, wie erste Buchstaben aus dem
großen ABC begann der Wörter Normen:

Meine Poesie

Poesie ist ›Wörter bewegen‹,
Licht und Schatten anzuregen.
So der Stoff im Dunkel liegend,
sich im Sonnenlichte wiegend.

Diese Poesie ist im Grunde
Medizin für Kranke und Gesunde.
Einheit liegt allein im Erkennen,
Glanz und Leiden zu benennen:
Denn die wahre Poesie,
die erkennt man wahrhaft nie,
wenn man nicht im Aufwärtsblicken
in dem tiefsten Lustverzücken
mit den Füßen erdig bleibt,
alle Sinne einverleibt:

Mensch zu bleiben,
wie im Grunde Sie
›Moll und Dur‹
im Angesicht der POESIE!

Am Anfang meiner Arbeiten immer meine Erkennungsmelodie

Ahnenforscher fanden heraus: Alle Sie, die den Namen BEUTEL tragen, waren einst Jäger und Sammler. Mit dem Netz in beiden Händen, und am Leib den BEUTEL für die gesammelten Beeren, Pilze, Kräuter usw.: So das Familienwappen!

Als Jäger und Sammler kehre ich HEIM: Jäger und Sammler von Wörtern – mein Reichtum – zu sein!

Ich zu Ich
›Ich bin‹ ein Jäger mit den Augen: Friede.
›Ich bin‹ ein Suchender im Wort nach mir: Verschwiegenheit.
›Ich bin‹, so glaube ich, noch ungeboren: Liebe!
›Ich lebe‹ außerhalb der Zeit; bin ich noch tot?
›Ich bin‹ der »reichste Mann« der Welt, denk ich an all mein Fühlen:
SEHEN.
›Ich bin‹ mit all dem Reichtum dieser Welt bestückt, ich lebe heut
und hier.
›Ich bin‹ zum Sehen für das Morgen mit der Liebe ausgestattet, in all der Dunkelheit noch Licht zu sehn!
›Ich bin‹ ein Jäger, ›ich liebe‹, also lebe ich!

So fand ich mich, ›ich‹!

I »ROMANTIK – eine deutsche Affäre«, so der Autor:

R. Safranski

Meine Devise?
Kommt das Licht nicht zu mir ins Fugengemäuer, dann muss ich den Berg hinan, um es mir zu holen:
Wort für Wort, im Looping, um zu überschlagen, sie: die Romantik nur als Einheit (1) zu sehen.

Als peinlichen Vorfall möchte ich die Romantik nie und nimmer in meinen Wortschatz einjustieren!

Nehme ich Euklid, den Mathematiker, dann schaue ich auf das Ding »Romantik« als Einheit. Diese Einheit ist als Gegenstand etwas Ganzes, als Einheit (EINES).
Aber? Jedes Objekt kann ich in zählbare Bestandteile zerlegen!

Nehme ich Jugend und Alter als Einheit Leben, dann ist der eine (1) Punkt nur Teil des täglichen Lebens, und mancher romantische Gedanke, aus der Jugendzeit ins Alter hinübergerettet, entpuppte sich als irgendein Gegenteil.

Hier nie und nimmer wird mir irgendein schwärmerischer Gedanke im jahrelangen Kriegsgebaren (II. Weltkrieg) nicht abhanden gekommen sein: so oder so gesehen.

Wie oft, in den unendlichen Krankenhausaufenthalten, auf schneebedeckten Dächern mit eingefrorenen Händen und Füßen (Familientradition: Handwerk), wie oft gaukelte ich mir durch einen Looping, geistig gesehen, Neapel vors Angesicht? Und ich gab mir die Losung ein, irgendwann dem Geburtsort Carusos nah zu sein.

Mancher Verzicht war gegeben. Zehn Jahre: Penny für Penny für den romantischen Traum, ihn mir zu ermöglichen. Romantik? Ja, als Objekt dem klassischen Gesang zu frönen.

Der Tag kam! Ich war da. Er gliederte sich ein als (1) Teil

Einheit: Leben. Krankheiten überwand ich durch ständige Loopings, den senkrechten Schleifenflügen, dieses Bild nie aufzugeben!

Es gelang: 6 Monate Napoli: Romantik? Nein! Entbehrungen. Damit verbunden dann das Schwinden der Romantik, in die All-Täglichkeit bis zur Erschöpfung, die mich HEIM-kehren ließ ins Spital im Heimatstädtchen HH. Eine neue Romantik baute ich auf:

das Wort! 10 Jahre, trotz härtester Arbeit: Philosophie-Gasthörer an der Uni HH. Heute?

Zwei Jahre mit einer Krebserkrankung aus dem Alltag herausgerissen! Aber? Ich schrieb! »Auf dem Wege durchs Wort der Zeit.«

Untertitel »Die Maske Wort«.

Und dort bin ich gelandet. Das Wort hielt mich am Leben. Als »romantischer Realist« zieht mein Gedankengang durch Tag und Traum. Reich beschenkt, ich lebe!

Das Licht öffnet mir morgens die Hände, um in meine unendliche Parallele hineinzusteigen. Dort wird Romantik nur ein Teil vom Tatbestand Mensch! Diese Kreatur, nach einem kräftigen senkrechten Schleifenflug auch Überschlagsrolle genannt, dieses Wesen – ich – sitzt ein wenig angeschlagen noch im Ohrensessel und bringt diese kleinen Lichtblitze – Taggeschehen – zu Papier und empfindet sich, ganz unromantisch, ins Leben zurück.

»Das Alter und mein Reichtum?« Der große Vorteil ist der – ohne Geld zu zählen –

reich zu sein …! Das ist mir aber kein »peinlicher Vorfall«, ich zähle ab heute völlig anders!

Aufgeschreckt

Von Gedanken aufgeschreckt,
Leben zu leben,
entfremdete mich das Wort,
am Rand zu stehn.
Die Hände gefesselt,
verschlossen der Mund.

Halb wachend, halb schlafend,
die Augen zerknittert
von nächtlicher Dunkelheit.

Und in den Sternen, verloren
sich die Wolken ins All hinaus.

Schaute ich aus dem All
auf die Erde hinab?
Oder war das Sternenmeer
mir – heute – näher denn je?

Mauerblümchen und Looping

»Looping – der oder das – (1),
senkrechter Schleifenflug,
auch Looping genannt, was
auch als Überschlagsrolle bekannt«: bezug-

nehmend auf das Mauerblümchenband,
ging ich durch des Windes Haus
als Samenkorn: Geburtenland!
Nur eine Frage im losen Mauergebraus?

»Was nun?«, sprach der Wortkundige: »Warum
die Wahl – festgemauert in der Erden!«
Und die Rolle im freien Raum?

Schon hörte ich der Glocke Töne – stumm –
im Mantel aus Mörtel, jener Rest – der im Werden
der Mauer entstand: des Mauerblümchens Traum!

   so die dt. Ausgabe: Der Duden.

Das Alter und sein Reichtum
Mauerblümchen und Looping. Das Problem Romantik.

Arm ward immer mehr das Wörtchen
reich. Dafür spricht
allein die Norm, das Örtchen,
wo das Licht die Tage bricht.

Mit fünf an Jahren war ich endlos REICH.
»Gomorra« fiel als Glut auf
der Erde Ball. Die Knie weich.
Kälte und Angst nahm der Mensch in KAUF,

nur um zu überleben:
der Bomben »Hagel, Dröhnen und Tosen«.
Krieg hieß dieses Drama

von Mensch zu Mensch: göttliches Beben!
Der Rasen granatenbetoniert, geköpft die Rosen:
Und in Tibet betete der LAMA!

Senkrechte Schleifenflüge

Klostermauern grenzen ab:
nach innen
und nach außen. Das Grab
als Mauerblümchen kann beginnen.

Mönche und Nonnen gemein-
sam in die große Runde,
den eigenen Heiligenschein
zu prüfen … Das Gesunde

daran ist gelogen.
»Ich habe mir selbst nach-
geforscht«, so Heraklit.

Da kam ein Vögelchen geflogen
im senkrechten Schleifenflug, gemach,
und brachte mir ein Mauerblümchen mit!

»Tusculum« – seine Epigramme

eingeäschert gleich der Flamme,
dem Worte selbst im Widerspruch:
Heraklit – sein Mauerblümchenbuch!

Hier schließt Romantik alles ein.
Dort kann Gut
auch Böse sein.
Sei auf der Hut,

»sprach die Mitternacht«.
Oh Mensch, gib acht, so
gebar sich Nietzsche ein

in meine Zeit, färbte mit Macht
Dionysos als Gegenpart, froh
in den ewigen – Wiederkehr – Stein.

1

Ein Blindgänger am Hauseingang
blieb verstoben, ungezündet.
Das war mein Reichtum:
ich, fünf an Jahren.

2

Lichtblitzen. Bombengetrappel zerstörte
Haus und Hof. Der Splitter im Kniegelenk
war das Andenken an jenen Reichtum,
überlebt zu haben.

3

»Ich habe mir selbst nachgeforscht!«
So kündete Heraklit seinen Reichtum
in die Zeit hinaus.

4

Das Problem Romantik trieb
noch ungeboren – als Kategorie –
Glück und Unglück, im Bettlerkostüm,
als Regentropfen, der Träne gleich,
über meine Wangen.

5

So fing mich die Romantik ein:
überlebt zu haben.

6

Und? Die Handhabe reich beschenkt
durch das Leben selbst, aufzustehen:
der Menschheit in die Augen zu sehen.

7

So fand ich mich,
im Grase liegend,
im Himmel der Romantik zu sein:
Trümmer, Aschegeruch lehnte ich
als den anderen Teil der Einheit
Leben einfach ab.

8

So band ich den Reichtum
überlebt zu haben –
als Geburtsstunde
der Romantik in mein Reich mit ein:
Leben als Leben zu gestalten.

Aus der Erde ausgemustert
schlägt die Glocke ihren Ton,
zur Probe der Welt geschustert,
den Hauch von Leben als Fon.

Bei A beginnend – die Mama-
Muttermilch. Erstes Tönen.
Das X dann vom Papa.
Augenblitze, gleich dem Föhnen,

in die Runde gab, um zu erwähnen,
seine Stimme sei der Glocke Klang,
um die Richtung anzugeben.

In der Tönung aber, gleich den Hähnen,
die den Tag verkünden als Kikeriki-Gesang.
Mutter sei als Anfang stets zu erwähnen.

1

Sie gebar … und Er war der Mann!
Und ich? Mauerblümchen,
bis mein Selbst begann zu blühen.
Am kargen Mauersaume: Alltagsstress.

2

Geboren? Ich? Nein.
Bis dato nur
ein Dagewesensein.

3

Die Lenze gaben auf die Grenzen
und Heim, die Mauern
zu umfliegen.
Looping war ständig angesagt.

4

Mauer, du Edelgeschöpf der Erdenbürger
Bildnis – Wörter! Gehüpft ist dein Gesicht
nur Kreis, gleich dem Würger,
der zu Rate zog das Standgericht.

5

Romantik? Nein! Man sollte nie Teil dieser
Sphäre sein. Warum? Mauern bilden Schatten.

6

Nur im Looping schaffst du es allemal,
aus diesem Schatten hinauszuspringen!

7

Aber? Wo bleibt das Mauerblümchen? Eine
Windbö, das Alter, ließ alle Schatten liegen.

8

Dadurch war der Schatten frei? Nein!
Aber für Momente war ich schattenlos.

9

Da sitze ich, das Mauerblümchen, freigepustet
von dem Strom des Lebens,
und gab die Mauern auf!

10

Auf freiem Felde, im Schatten der Maske Wort,
versuche ich das Angebot zu leben:
im Alter endlos REICH zu sein.

11

Mauern sind die eingebaute Strategie,
Romantik nicht aufkommen zu lassen. Das
mögen die Politiker nicht, sie schwärmen aus –
allein: wahrhaftig zu sein!

12

Da fand ich den Faden zum Looping,
und bog in seine Schleife ein:
ab und an: romantisch zu sein …
auch als Realist!

Reichtum ist ein stilles Sichbeschenken,
dem Gespött der Schattenvasallen
nie im Licht zu stehn.
Da dem der Reichtum gehört,
der sich an jeder Mauer stört,
Zukunft als Mauerfuge anzugehn.

»Und wenn die Menschen wohlhabend sind, was dann noch?«, fragte ein Schüler. »Sie bilden!«, so Konfuzius. (1)

Also bilde ich weiter mein Wohlhabensein aus, um in der Rückerinnerung auf das Morgen auch weiterhin – wohlhabend REICH – Mensch – zu sein: ein Unikat!
»Einen Edlen kann man zwar betrügen, aber nicht zum Narren halten!« (1)

Wo Licht und Schatten zusammenfallen,
da ist zu HAUSE die wahre Welt.

Und mancher Edle, selbst ernannt,
wird durch den Narren erst bekannt.

Sich selbst zum Edlen zu küren?
Das öffnet der Dummheit die Türen.

Man kann mich zwar belügen,
aber nicht den Narren in mir rügen.

All das erkannt in einem Karren,
das macht zu gut Deutsch: den Narren!

I

Wo fängt er Himmel an?
Mauerzeile. Geburtswehen, dann
Aufbruch, Erde zu erkunden.
Die Meere, nach dem Horizont
sind EINES: so Euklid.

II

So gebar ich in mir
die unendliche Diallele.
Dieser Zauber endete, als ich
im Worte die Erde überstand.
Ein Looping gebar das Gewölbe
in eine » Höhle« um.

III

Kahle Wände …
Platons Mauern färbten
meine Parallelen zu Diallelen.
Da, nach einem Looping, fiel
das Wort von der Wand herab
und gebar in sich
ein riesiges Fundament.

»Man kann dem Volk Gehorsamkeit befehlen,
aber kein Wissen«, so Konfuzius.

***

Licht und Schatten sind Verlangen.
Dadurch löst sich beides auf.

»Sie konnten zusammen nicht kommen,
die Königskinder.«

Mit dem Befehl – Gehorsam – flieht
das Licht in den Schatten,

das Dementi zu begatten:
Wissender zu sein.

Dort trafen sich die Königskinder.
Die Hexe fehlte im Befehle.

Sie gebar den Applaus, den Geschmack,
wissen zu wollen! Das war ihr Aus.

Alle Macht der Zeit
ist im Geleit des Jetzt
in Einheit verbunden,
dem Augenblick zu fronen,
das Selbst zu belohnen.

*

Der Mächtigste kehrt den Reim
aus dem Schatten
in das Licht, ganz allgemein,
das ist des Begriffes Keim,
als Mensch – stets – wahr zu sein.

*

Wille ist, im Wortlaut bestohlen,
ganz banal ein Kaufangebot:
Gemüter im stillen Lot.

*

Einheit und Vielheit leitet der Verstand
vom Ich zum Wir aus einer Hand.
Das ist die Macht der Zeit: weltweit.

IV

Wörter blieben nicht nur gleich:
Es waren dieselben!

V

Dort ziehst du die eine Pflanze
aus dem Bauch der Erde Haus.
Sie leuchtet, weißes Unschulds-
Wurzelwerk, dir entgegen …

VI

Ein anderes Licht:
dachte ich! Weiß
noch unverlogen, so
zog es ins Erdreich ein, das
wir Menschen versuchen, mit
aller Macht und Gewalt zu verseuchen.

VII

Da wusste ich, im Erdreich, dort
beginnt der Himmel schon:
Die Welt in der Ära »Das Zeitliche,
als Epocheteil, der Glocke Töne«
einzugeben.

Licht fließt ein in alle Räume.
Ungebändigt stürmt das Wort hinaus.
An den Wänden hängen blieb
der Wärme Schäume, in den Ecken
Farben: Sphärenschmaus.

*

Ausgetrunken ist das Glas. Der Schein,
er fließt in feinen Farben,
füllt den Raum mit Zeit und Sein,
mit jenem Funken Helligkeit. Die Narben
Nacht mit Dunkelheit umhüllt:
der Raum, das Glas, der Farbe Bann.

*

Dann schaut' ich recht genau hinein
in all die dunklen Formen.
Der Funke klein, so winzig klein,
entlässt das Ich aus allen Normen.

*

In Dunkelheit geboren ist das Wort. Und?
Die Metapher löst sich auf.
Der dunkle Raum, das Glas wird bunt
und schaut hinauf,
… obwohl so druckerschwarz mein Akkord!

VIII

Überall dort,
wo du gehst und stehst,
sollst du im Himmel leben:
in Romantik – stimmungsvoll,
um auch frei als Realist zu sein.

IX

Als Atheist, malerisch stimmungsvoll,
konfessionslos Gläubiger auf Erden
im Himmelreich zu sein? Ich? Ja, als
»romantischer Realist«!

X

Humorlos betrachtet ist die Romantik
doch nur, Stilrichtung zu sein … z. B.
irgendeiner Zeit (ca. 1790–1835) einen
Namen zu geben.

XI

Jedes Wort EINES ist immer auch
irgendwo nur Teil deines und anderen
Lebens.

XII
(…), (…) …

Flüsse des Lebens
Takte der Vergangenheit

Lang schon sind die Gipfel
gefallen. Das Alte hielt Einzug:
Das Wort blieb ungereimt!
Das tiefe Klingen verlor
das Rachesingen. Inhalte
fielen zusammen, lösten sich auf.

*

Stille setzte ein. Laut und leise
fließt in einem Lächeln
durch die Räume, blumengebündelt.

*

An den Wänden spielt die Zeit
ihr stilles Stelldichein! All
die Schreie sind schon lange
stumme Bilder geworden, Blick-
Kontakte der Vergangenheit.

1

»Der Wille zur Macht« nach F. Nietzsche ist im Grunde nur die Selbstbekennung des »amor fati«, liebe, lebe dein eigenes Schicksal.

2

Glaube ist mir das »wortloseste« Leben, das Du im Ich zu bewahrheiten.

3

Glaube und Wissen: eine Einheit als »Willen zur Macht«, übers Fleisch die Sinne zu erkennen: zu benennen.

4

Wo fängt der Himmel an? Ich liege im Grase. Bei einer Kugel – so die Erde, ist alles, was über der Erde Boden kreucht und fleucht: Himmel!
Also ich auch, liege ich im Grase, in meinem NOCH unbegüllten grünen Bett!

5

Das Wortgepräge aller Religionen dieser Welt ist das Wissen: Sie glauben!

6

Aber Glaube ist ein Wort! Wissen ist wahr, nur in der Vergangenheit, dort, wo alles Geschehene WAHR wird: im Rückblick. Wissen und Glaube im Wort zu sein … als Zeit!

7

Vorausschauend beginnt der Zirkelschluss Glauben und Wissen, als die mir aufgelöste Kategorie!

8

Der Wille zur Macht lässt in der Abkoppelung dieser Zweigleisigkeit das Erdenrund widerhallen als Auswurf – Sein und Zeit – in das Gleisbett – in einer Parabel, sein Gleichnis des Wollens zu verkörpern.

9

Ich gehe: schreibe ich auf. Das sind Wörter!
Ich ging: wird wahr! Wissen ist Glaube: Ich gehe!
Glaube wird Wahrheit, geglaubt zu haben!

Flüsse des Lebens
Mein senkrechter Schleifenflug, auch Looping genannt

A

Eingegrenzt mein Leben, so mein Sein,
das Werden. Dieses unbekannte Wesen, Ich,
im großen Rund ganz still, allein.
Allheit im Wort, begrenze mich.

B

In der différance des Lichtgebärens
türmen sich die Zwischenräume auf,
Teil der Ewigkeit zuhauf.

C

Unbegrenzt, ganz wortgebunden,
so begrenzt der kleine Ort
den Fall. Die Differenzen sind gefunden,
in Allheit sie zueinanderstehn.

D

Die Lichtgeburt den neuen Tag
im Werden zu verstehen?
Die große Kraft zu überwinden:
den Fluss des Lebens seligst zu begehn.

E

Den Tag begrüßen mit erdigen Füßen,
dann bin ich daheim: Knospe und Keim
im Lichtgedanken – Fluss meines Selbst zu sein!

Sokrates fiel mir ein.

Er begann wohlhabend, erkannt,
sich selbst benannt,

den Giftbecher zu nehmen.
Sein Kreuz war das Bilden.

Zu grell das Licht an jener Wand.
Die Weisheit als Einfachheit erkannt!
Bilden? Sein Kreuz war

die Höhle zum Licht, wie beim
OSIRIS der Brudermord!
Einfachheit?
Erkenntnis-Hort: das Urteil?
Sein eigenes Wort!

Sextus Empiricus: »Auch wer am besten weiß,
weiß nicht, dass er es weiß.«

F

Licht und Schatten sind vorgegeben,
gehe ich in den Tag hinaus.
Löse ich Licht und Schatten auf,
dann bin ich im Nirwana, als
selige wohlige Runde
im Land des Glaubens gelandet,
geschlossenen Auges: zu sehen …
fort im Wort.

G

Jedes Wort ist Vielheit in sich,
als Zahl. Als Einheit, ein Ding.
EINES, das gegeben deine Seele birgt!

H

Wissen ist auch »Wille zur Macht«
in dem Moment, wo ich mit meinem Wort-
GOTT, ich, alle anderen Wort-Götter
als absurdum deklassiere. Damit
gebe ich meinen Glauben auf.
Das nenne ich: Rechthaberei!! …

I

Recht wird: gesetzt der Allgemeinheit, als EIN
wahres Gegebenes: Alles andere ist demnach Unrecht?

J

Recht funktioniert nicht ohne
irgendeinen »Willen zur Macht«.
Hier kommt ein anderer Wille zum Tragen –
RECHT zu haben … Aus dem Looping zurück
dann, wissend – zu glauben!

K

So steht's auch bei den Religionsrichtungen dieser Welt.
Jeder tiefste persönliche Glaube birgt das
Individuum als Wissen – wortlos – in sich ein:
rechtlos, religionslos …
und doch: Hier möchte ich das Einzelwort finden,
was an dieser Stelle nicht einmal ein Wort sein darf!

1

Der Trugschluss liegt im Raum: Gegangen!
Der Treppenabsatz bebildert die Seele: hinauf und hinab.

2

Auf den Strommasten sind die Leitungen verteilt.
Ich sehe die Ströme, die hindurchfließen:
Wörter.
Lüge wird dort zur Wahrheit, wo das Zepter in die Vergangenheit zeigt und die Rose im Frühjahr erblüht: so das Wort.
Lüge und Wahrheit/Glaube und Wissen: Kategorien!
Heraklit sagt: »Jeden Morgen geht die Sonne jungfräulich auf.«
Obwohl wir doch wissen, dass sie stets dieselbe ist.

3

Neulich sah ich den Glauben, ein Stückchen Brot.
Es war ein Wort. Mein Hunger war gestillt.
So könnte ich Tausende speisen, mit (1) einer Scheibe Brot;
mache ich aus dieser Einheit (Scheibe) die Vielheit – Korn an Korn, Wort an Wort: Und ich gehe nicht einmal auf einen Berg!

4

Der Glaube (wortlos Seele)
Das Glauben (wissen zu wollen)
… sind so unterschiedlich wie Tag und Nacht,
hält man sie auseinander als Einheit getrennt!
Zusammen ergeben sie die neue EIN-heit: der Tag!

5

Gott, ein Wort.
Nietzsche schrieb: »Gott ist tot.« Wir, du und ich, haben ihn
getötet: so sein Wort!

6

Kann ich ein Nichtwort auswischen? Nein!
Als Wort, ja. Dafür erfand er den Nihilismus.
Das Wort Gott ist durch alle Religionen identisch!

Im Sein bin ich geweiht als Einzelwesen, in der Vielheit Macht
als Mensch zu leben.

*

Stein dagegen, das kann ich lesen. Wer sich anmaßt, arg zu
sein, ›Alles‹ und noch mehr zu wissen, auf Erden:
Die Erleuchtung ihm das Auge sperrt.

*

Das ganze »Sein im Werden« als Pilz aus der Erd' heraus des
Volkes Wiesen-Herden besetzen so des Geistes Haus.

*

Zu Wort ward der Stein.
Als Lichtfluss blieb die Erinnerung bei einem Gläschen roten
Wein Flüsse des Lichtes als Alltag zu besehn.

*

Und im Arme halte ich mich als stete Gleichung:
Fichtes Ich = Ich!

7

Das Wortlose wird zum Geist, zum Wissen.
Und am Rande der Allee steht das Recht gemartert am Pfahl
und faltet die Hände! Kopftücher zum Wärmen, das ist Wissen!
Kopftücher, um zu glauben, tötet jedes Wort! Darum wird
diese Auseinandersetzung auch nicht zu jener Scheibe Brot,
Geist mit Geist zu speisen – Wort an Wort!

8

Die Tiefe des wahren Glaubens, der ist im Grunde rechtlos.
Da das im Einzelwort gegebene EINE, deine Seele, nicht mit
Recht angerufen werden kann!
Recht – ein Wort.

9

In der Aufschlüsselung: »Der Dichter sagt nur, was die Musen ihm kundtun«, weiter sprach der Philosoph.

Feyerabend: »Wenn die Menschen zu allen Zeiten dieselbe Erfahrung besitzen und sich derselben Vernunft bedienen, dann sind grundlegende Abweichungen in der Tat nichts weiter als das Ergebnis von Unaufmerksamkeit und intellektueller Disziplin.«

… ein göttliches Spiel des Kindes und des Künstlers:
Wissen zum Glauben zu erheben, auch das ist, gleich wie und wo, eine Form des »Willens zur Macht«.

Nur an der Stelle gibt der Einzelne sein Wort auf und vermasst seine Einheit zur Vielheit, und manches Un-Wort wird Aberglaube, auch er anbetungswürdig.

Brot bleibt Brot … jedenfalls in der Masse meiner Wahl.

Gut und Böse sind gelöst nur Wort,
aufgewellte Zweiheit im Akkord,
rein und doch böse zu sein.

*

Fragmentarisch ist's, die Bilder einzuläuten,
auch wenn »Böser Blick« das Blau des Himmels trübt.

*

In den Nischen jener Katakomben, diese Vorzeit einzugestehn,
im Mundwerk alle Plomben aus Gold als Zähne sind zu sehn.

*

Gut und Böse lodert auf gen Himmel. Teufel und der Ritter
Kunibert beben im Geschrei der bösen Bimmel, zu entblößen
so der Reinheit Schwert.

*

Aufgestanden, aufgesprungen,
prangt am Fahnenmast, im All zu stehn,
das, was unsre Ahnen einst gesungen
oberhalb als Gut ist anzugehn.

*

Damit schließt das Gute auf zum Bösen,
um in tiefster Reinheit gut zu sein.
So verfängt sich dieses Paar im tiefen Dösen
dort, wo selbst das Böse weiß wird: rein!

I

Gesetz ist, was das Kreuzchen bei der Wortabgabe an der Urne zum wahren Wahr du miterhebst.

II

Sinngebildet ist das Bildelement ein Wort, die Wörter.
So ziehe ich den Strich über diesen weißen Bogen und sage mir: Das ist das Licht. Und was geschah? Das Licht ging aus!

III

Unbeugsam das Blatt am Baume küsst den Wind.
Und in den Narben der Blätter Saum trinkt ein Kind den Becher Milch dem Morgenrot entgegen. Selig kommt das Bäuerchen.
Das war das Dankeschön, gleich dem Regen …
der Blätter Feuerschein!

IV

Des Baumes Rinde aufgelöst. Tropfen, rein, von der Erde aufgesogen. So fließt der flüssige Wein, das Wasser pur!
Von der Wurzel in die Wipfel, dort döst mein Blatt, das weiße, und fühlte sich betrogen!
Aber? Es sind doch meine Wörter nur! Zeichen sollten stets dem Worte weichen! So gesehen kann dem wahren Wort nie ein Zeichen aufbegehren, Selbst zu sein! Hier wird jedes Zeichen Stein!

V

Stille gebärt sich in deinen Atem ein.
Das unbekannte Gedicht, Rilkes Beben – durch das Heben
der Brust zum Sein:
Im Einflößen der Luft werden dort Reime zum Leben.

VI

Gefunden hast du dein Ich, um zu gesunden im freien Fall,
der Zeichen Leib, jene Fallsucht, eingebunden, tiefst im Wort
befreit: als Verbleib!

VII

Der Begriff der Seligkeiten, Wende weht wortlos durch deine
Hände, füllt den Raum und auch die Zeit:
Dein Wort im wahren geistigen Streit.

VIII

Sehnsüchte,

auch das ein Wort, Bezeichnung eines Tatbestandes.
Es bebildert still den meinen Ort, das Licht am Rande des
Verstandes!
Von der Dunkelheit das Ich zu befreien?
Also begab ich mich – vom Licht entfernt ein, in das dunkelste
Loch, zum Schein!
Und ich ward vom Kandelaberwort hellest bestirnt …!

1
Nachts übers Wasser gehend,
das Auge in die Hand zu nehmen,
im Schatten einfach Licht zu sein:

2

So fließen die Gedanken ein,
außerhalb des Bibelbildes, sehend.
Die Kluft ist der Begriff: allein.

3

In der Klasse auf dem Dorf, die Fibel.
In der Schule nachtumwallt, die Bibel.
Um im Alter dann, sie beide, zu verstehn.

4

In den Händen, selbstgestaltend,
konfirmierte Sinne fest verwaltend,
den Fluss des Lebens zu durchschreiten,
Spiegelbilder auf irdischen Breiten!

5

Heute geh ich über jedes Wasser,
verfolge meines Spiegels Bild.
Jedes Licht im Außenwort ist mein Schild:
Dieses große Wunder »WERDEN«,
einfach Mensch zu sein auf Erden.

Nach einem Looping eingekreist: das Wort!

II   Die unvollkommene Einheit des Kreises

Jedes Ende eines Kreises kann Anfang und auch Ende sein. Somit bleibt der Kreis, für mich, nur ein Objekt, Gelüste von Anfang und Ende menschlich auszuleben.

Der Kreis, den ich meine, der ist wortenthoben und doch ein (1) Wort, individuell dem wahren SEHEN erlegen, frei von Anfang und Ende zu sein! Warum?

Ich möchte ausschließen in diesem Kreis, machtbegierig einzusteigen und dem dummen Volk Anfang und Ende als Wortsymbole einzubläuen; und so ist aber der Kreis!

Der wahre Kreis ist lediglich der gedachte Punkt, der innerliche Zeitpunkt, fort aller Gesetzesmacht, moduler Frömmigkeit, den Anfang der Erde Kreis, mit Israel beginnend: Auch JESUS hatte andere Vorgänger, die irgendeinen Kreis beginnen ließen: Nur? Alle Religionen haben den einen (1) Sinn, ihrem Kreis als den Anfang – Leben – Glauben – Wissen usw. für sich (allein) zu beanspruchen. Dafür gibt es den unvollkommenen Kreis (das Wort), man springt hinein ins volle Menschenleben, und siehe da, die Griechen waren vordem da, dann die Ägypter und so fort!

Jedes Wort z. B. ist in sich ein Kreis. Man springt hinein und ist an seinem unüberwindlichen Inhalt: am Anfang wie auch Ende zu sein. Der Mensch? Wird irgendwo nach Mensch gefragt? Nein! Nur nach ihren ureigenen Anfängen: etc.!

Wenn ich Glauben als Anfang eines Kreises betrachte, dann ist das Ende, so alle Gläubigen: Wissen! Und so unterscheiden sich ihre Kreise und meine! Das ist der gedachte Punkt, ohne Anfang und Ende, und trotzdem Wort: Kreis!

Bei mir aber vervollständigt sich mein Kreis in dem Wissen zu wissen, nach Sokrates: »Ich weiß, dass ich nichts weiß!« An dieser Stelle – Anfang/Ende – überschlagen sich die Gedanken!

Anfang und Ende sind im tiefsten Sinne identisch. Somit konnte ich, der Romantiker, auch ein Freidenker sein. Der Anfang ist unendlich, so wie das Ende auch! Trotzdem will der Mensch sie beide in eine erkennbare Sichtbarkeit hineinpressen: ins unendliche Wort.

Das Oberhaupt der Mathematik quält sich, wie der Theologe, das königliche Wort (z. B. Romantik) in das wahre handgerechte Stückchen Brot am Morgen einzufangen. Der Anfang meines Kreises ist der Punkt vor dem Nullpunkt, so wie beim Glauben, vor dem Wort – GOTT – dort beginnt, was im Grunde das wortlos Göttliche in sich ist, königlich zu werden. Lee Whorf: »Sprache sei, so königlich auch ihre Rolle ist, gewissermaßen nur ein oberflächliches Muster tieferer Bewusstseinsprozesse!« … So sehe ich auch die Romantik!

Wir maßen uns aber an, wir Menschen, den Kreis, den Glauben, so zu bewahrheiten, dass wir uns selbst vergöttlichen: königlich!

Mit dieser königlichen Sprache gewinne ich das Königliche, z. B. die Romantik, nur, wenn ich die tieferen Bewusstseinsprozesse in jene Bereiche verlege: wo Glauben und auch der Kreis WORT bleibt!

»Ein Zeichen kann nur dann sinnvoll gebraucht werden, wenn es systematisch geordnete Beziehungen zu anderen Zeichen hat«, so Lee Whorf.

Und schon weicht es vom königlichen tieferen Bewusstsein ab. Diese Zeichen sind geordnete Wortbilder, vorgefertigt, um Volk zu Volk zu gebären!

Hier, an dieser Stelle, beginnt das, wo ich KREIS, Glauben usw. als unmenschlich bezeichne! … unköniglich! …

Jeder Kreis, der sichtbar wird (gemacht wird), ist zuerst ein Punkt (.)! Vergrößere ich ihn, wird daraus ein Kreis. Dieser Punkt mag königlich sein, aber der nächste Schritt ist das Wort! Dieser Schritt, vor dem Punkt noch, dort beginnt der wortlose (wahre) Glaube, sich in einem Kreis zurechtzufinden. Dort sind alle Zeichen nur Zeichen … (menschlich gesetzte …) (Gesetze), bunte Bilder: z. B. Romantik ist angesagt!

Dieses Problem ist es, das das Wort, die Sprache, insgesamt so schwer macht, sich zum wahren Wissen/Glauben zu erheben! … wortlos zu wissen usw.!

1

Glaube ist, ein Licht zu zünden,
denn die Dunkelheit gebiert die Angst,
hin zum blinden Hassgelüste.

2

Ich vergaß, dass alle Lichter nur Stafetten,
Pünktchen, Zeit, mir in die Augen malt,
denn im Augengrund ist das Gebären
nur der eine Augenblick.

3

Aufgemuckt, die Pfefferschoten brennen
ein sich, in die Sinne, ins Gebein.
Heben auf die dunklen Stimmen,
die am Uferwege sprechend uns benoten.

4

Ungeboren, lustgeboren, so vollzieht sich
jener feuchte Morgennebel; auf
ins unbefleckte Sonnendach.

5

Aufgehoben weht die weiße Fahne.
Glaube ist in mir das Licht, das
im wortlos reinen Strömungsintervall
jedes Tor zur Dunkelheit zerbricht.

6

Und ich gehe froh durch Moor und Wüste
diesen Weg, auf Licht gebläut,
hin zu diesem Park der Lüste,
Wort für Wort: Denn heut' ist heut'!

A

Und der reine Glaube?, wurde ich gefragt.
»Der reine Glaube ist dort wahr, wo er wortlos wird, ohne An-
fang, ohne Ende. Dort wird selbst das Unvollkommene jedes
Einzelnen zu seiner ureigenen vollkommenen Wahrheit.

B

… nur hüte dich davor, deinen wahren Glauben in Wort und
Schrift umzuwandeln …
Dann stehst du mit einem Male wieder im allgemeinen Kreis,
und man diktiert dir, wo Anfang und Ende ist!

C

In meiner Hand ein Kreis, eine Kugel Eis: Sie schmolz dahin.
Wasser blieb!

D

Und in dem Geraune der Umstehenden wird dir das Wasser,
erneut gefroren, gereicht.
Ist das dann noch dein Kreis? Dein Wort?

E

Durchlöchert mit Frage und Antwort wird das Unvollkom-
mene in sich vollkommen, da sich die Zeit den Raum nimmt,
Sein in sich zu sein!

F

Ich gehe, punktuell meine Runde, und fand mich wieder ein:
ständig zu zweit zu sein: in meiner Quasisprache SEHEN,
Kreise als Chiffren zu verstehen. Das Wort wird dann zum
Notenschlüssel: So? Oder so!

III   Realitäten

Ich gehe die lange, endlose Straße gebeugt,
Stein bei Stein, Wort bei Wort: hinan,
und siehe da, die Macht zeigt göttlich bezeugt,
was in der Selbstbetrachtung Mensch einst begann.

*

Steinbefreit das Ich im messianischen Denken,
stets den anderen zu beschenken.
Das ist der Sinn, im Wissen zu streben,
als Einheit der Vielheit Wort zu leben.

*

»Ich denke, also bin ich!«, so Descartes.
Dadurch empfand ich jene Lust apart,
mir selbst die Hand zu geben.

*

Da öffnete sich das Tor im Spagat,
und Heideggers – Nichts – daneben,
erklärte mir die Metapher: Leben.

1

Der Keim in der Mauerritze keimte.
Heraus kam ein Blümelein.
Links wie auch rechts von ihm, Fugen in die Unendlichkeit:
So das Auge des Blümekens!

2

Jetzt kam eine Windbö, blies den Samen um die Häuserwand
herum. Dort war nach einem Looping der Wände 4 ein Haus
zu sehen: insgesamt!

3

So gesehen sind in einem Hause 4 unendliche Mauerzeilen
zu betrachten, folge ich dem Hauch des Windes: dem Samen
Mauerblümchen.

4

Menschlich gesehen ist, so das Wort im Worte angelegt, 4 Un-
endlichkeiten (hier Mauerblümchensicht) in einem Hause ent-
halten.

5

4 Mauerblümchensichten: eine zum Osten, Westen, Norden,
Süden. Dasselbe Haus!

6

Habe ich »als Atem des Windes« die Möglichkeiten, im senkrechten Schleifenflug jenes Gemäuer zu umkreisen, dann habe ich im Grunde im Wort alle Richtungen auszuloten.

7

Der Kreis und das Viereck. Beides: ein Haus!
Der Turm mein Kreis. Das Viereck mein Haus!
Nur? Der Kreis ist rund, ohne Anfang und Ende.
Mein Haus hat eine Vorderfront: Eingang … Geburt!

Mensch, welch ein Wort jenseits von Gut und Böse.
So klingt der Akkord ins Abendgedöse.

Das stille Atmen – in dem Bereich, wo Dunkel und Helle sich
finden, gleich der Kategorien, die den Atem binden:
Das Gute macht das Böse gelinde!

Sonst wären Tag und Nacht geblieben wie aller Kategorienstab,
sich zu bereichern am Lob der Sitte verklemmt. Es flocht die
Gesamtszenerie und gab dem Guten das Böse: dort als Snob!

Gesättigt fiel ein Licht zu Boden, geistesabwesend nahm ich
den Schatten auf, türmte Gelübde in der Bäume roden,
nahm selbst das Hähergelächter in KAUF,

den Zug Romantik nicht entgleisen zu lassen.
Es fing sich mein Wort und blickte verstört in die Runde der
Massenschlägerei, vom Haupte fort,

damit das Gesinde ist zu erlösen.
Das Ankerzeug, das Böse, über Bord geworfen,
die Armen der Ärmsten zu vergiften?

So nehme ich den Hut und grüße im Tösen,
Menschen als himmlische Orfen: *
in der Sache nicht abzudriften.

* Die Orfe (griech.), ein Fisch

Am Literaturinstitut Johannes R. Becher (Leipzig), dem Platz, an dem die DDR-Autoren ihren Fundus umzusetzen versuchten, dort erhielt ich zu DDR-Zeiten als BRD-Bürger ein Stipendium mit dem Abschluss-Diplom der Universität Leipzig: Literatur!

Hat der Dichter Johannes R. Becher in der klassenlosen Gesellschaft Platz? N e i n ! Niemals.

Neben dem Manuskript der Dichtung »Das Holzhaus« lag die Aufzeichnung seines Romans »Abschied«, begonnen 1935, in Paris!

S. 15: »Gegenüber dem Klassenkämpferischen, den Versen Bechers, trat die Staatsmacht auf den Plan und eröffnete ein Verfahren wegen literarischen Hochverrats und Gotteslästerung.

Sein Text des Anstoßes:

»Vater unser,

Der du bist nicht im Himmel,

Nicht auf der Erde,

Entheiligt ist längst Dein Name,

Dein Reich, Deine Herrlichkeit, sie kam:

Ein stinkender Pfuhl,

Darin sich die Ermordeten wälzten!« …

Wie viel Schmerz muss hier unterschwellig mitschwingen, lese ich diese Zeilen: Hass gegen irgendwelche Herren, gleich auch gegen die, die eine vermenschlichte Revolution, die wahre, in Wörtern umsetzen wollten.

»Entheiligt ist längst dein Name.« Nietzsche schrieb einfach: »Gott ist tot!« Im Grunde identisch, nur mit anderen Wörtern, aber die Inhalte blieben: konstant! …

Band 3: Bechers Gedicht

Die wenigen noch schmerzfreien Stunden
Sind mir wie ein Geschenk von Dir beschert,
Und so, als hätt' ich wieder heimgefunden,
Hat sich erfüllt mir, was ich lang begehrt.

Was mir das Herz alles beschert,
Ist wie auf Nimmerwiederkehr entschwunden.
Vielleicht, wer weiß, darf ich durch dich gesunden,
Denn du bist über alles liebenswert.

In all den Jahren, jenen schmerzensreichen,
War ich mit dir in gleichem Leid vereint,
Du hast gelehrt, vor nichts zu erbleichen,
Und ohne Tränen haben wir geweint

Um unsere Toten, leichengroß
Die Zeit – und sie entlässt uns tränenlos!

Die ganze Tragik seiner Emigration, fern seiner Heimat
Deutschland gelebt zu haben, tritt hier hervor, als ob er mit ge-
öffneten Pulsadern seinem Schmerz freien Lauf lassen möchte:
»Als hätt' ich wieder heimgefunden!«

Band 3, S. 103:
»Man soll die Tränen nicht im Auge tragen, die man über das
Leid der Welt weint. Nach außen hin trage man eher ein mun-
teres Wesen zur Schau und weine innen – damit ist der Verän-
derung des Leids, so fern eine solche gegeben ist, nicht gedient,
denn man entmutigt nicht seine Umgebung und macht sie
selber weinselig, sondern sammelt sich und deren Kräfte, um
das Leidwesen (des Leides Unwesen) zu beseitigen!«

Johannes R. Becher, S. 512

Die Jahre sind gezählt

Die Jahre sind gezählt, die dir verbleiben.
Die Jahre sind gezählt.
Was du geschrieben hast, was wirst du schreiben,
Ist schon gesichtet und ist ausgewählt!«

A

Ein AFD-Mitglied schrieb heute: Der Baron (...) war ein Verräter. Hitler überlebte diesen Anschlag!

B

Ich wurde gefragt: »War er ein Verräter?«
Jetzt setzt das tiefste Wunder Sprache außerhalb der Romantik ein – Bein bei Bein!
Was Recht ist und was nicht: ein (1) Kreis!

C

Das Maß aller Dinge fließt am Wort vorbei!
Ich sage, er war ein Verräter: Da er dem Recht widersprach, dem gültigen Recht: so der Einstieg in einen Kreis mit dem Kreuzchen (an der Urne) zu wählen!

D

Er, der Sprecher, hatte demnach Recht!
Weiter dann: War die DDR ein Unrechtsstaat?
Heute ist die DDR dem BRD-Recht angegliedert:
Wahl bei Wahl, das macht es, das Recht einzugliedern.

E

Jenseits aller Kategorien, nach einem Looping durch Recht und
Unrecht, erlebe ich meine nach allen Seiten geöffnete Parallele,
für einen Gedankengang als Mensch zu urteilen? Nein!

F

Jedoch, wer sagte zu Adolfs Zeiten laut:
Adolf ist ein Emporkömmling oder Ähnliches?
Er wurde zum Tode verurteilt. Recht? …
Hier antworte ich nicht!

G

»Alternative für Deutschland!«
Ein königliches Wort. Aber?
Wo beginnt IHR Kreis?
Das ist ein ganz anderes kreisloses Thema!
Mein Thema? … Wie folgt.

Ein »romantischer Realist« (x)

Romantik ist,
ein Licht zu zünden.

Der Realist,
er bläst es aus.

Ein »romantischer Realist«
ist in beiden ZUHAUS,
Gipfel und Tal als Einheit zu sehn.

Berge hinauf und hinab,
Oben und Unten gleichauf,
das ist der Lebens Lauf.

Drum halte ein, den Gipfel erreicht,
die Leere ist gar leicht zu übersehen.
Man sollte keinen Gipfel übergehen.

Dann bist du bei mir, in der Romantik auch Realist zu sein …

Im Tale finden wir uns beide ein und steigen gemeinsam wieder hinauf.

1

Mauerblümchen,
in einer Fuge sitzend:
Das sollte mein Leben sein?

2

Die Blüte ist des Baumes Frucht:
sprach das Alter, nicht die Nuss oder die Birne,
sie sind eigene Geburten in sich,
in die Welt hinaus! So sprach Dilthey,
der Philosoph!

3

Da warf das Mauerblümchen
– im Krieg ganz allgemein –
dann die bedrückende Arbeit
im Schmutz und Dreck
mich als ein Wesen hinaus
in die Nachbarfuge.

4

Wieder war ich gefangen
von der Mauer Geheiß,
Mauerblümchen zu sein!

5

Viele Loopings folgten:
Krankheiten zuHAUF,
sie nahm ich in KAUF.

6

Die Ehe zerbrach. Ich –
im Nachforschen – lag
an der Mauer daneben!

7

Das Rentnerdasein sollte
der letzte Looping sein,
der senkrechte Schleifenflug.

8

Da trat ich von allen Kategorien zurück,
um außerhalb aller Mauer
Pflanze zu sein,
nur kein Mauerblümchen mehr.

9

Angekommen
durch den Überschlag: neu geboren.
Die Sinne entleert, so den Eimer
mit Wasser gefüllt, mit den Tropfen
»Leben und Lüge«: So wie einst
Liliencron sich so seinen Looping beschrieb.

10

So wollte er sein!
Als »VON«, adelig geboren, vollzog sich
sein Außenbild. »Er hatte sich selbst nachgeforscht«
und schrieb, wie er gern leben wolle.
»Ein Hof, Pferde, eine Frau, eine Magd etc.!«
Zum Glück kehrte er aus diesem Sturzflug zurück
und machte sein Ich in seinem Roman
»Leben und Lüge« konstant.

11

Ich sah das verbrannte Schloss
in Tangstedt bei Hamburg, wo er seine Wünsche
über Tangbüttel niederschrieb.

12

Auch ich war dort und ergab mich dem Sturzflug.
Ich flog nicht, ich fiel, wie die Katze, auf die Füße:
und sah endlich mich.

13–14

Gegangen war die Jugend, die Zeit, erwachsen zu werden,
sie folgte mit Getöse. Heute ist jener Looping mir meine liebste
Rose: Sie mein Verbleib. Sie pflückte mich, eh ich es bemerkte,
und ich fand mich außerhalb aller Mauern wieder ein.

Glaswörter

Ich gehe!
Sehe die letzte Wehe
der Alltäglichkeit
in die Monde schwinden.
Dort, im Unterhause, unter Linden.
In der Hand das Wörtchen Zeit.

Das Heterogene ist die These, und die Antithese im Gut und
Böse daheim! Die Synthese daraus ist das Aufschauen, sich
vom Wort zu trennen.

A

Auch ich war einst Kind
Heute, morgen, gestern: Liebe!
Friede, und der Tag danach,
Gedanken schrankenlos, mir das Wort verbietend, Selbst zu
sein.

B

Auf den Podesten der Schattenarenen blühen Blumen farblos
in den Tag. Die Sonne zu umgehen, abends aufzustehen.

C

Farben aus dem Glas des Regenbogens mit dem Strohhalm aus
dem Horizont zu saugen.
Meine Augen tränend. Runzelig wie meine Stirn. Und das
Hirn verkrampft an gestern denkt, wo man sich mit Zärtlich-
keit beschenkt. Heute aber ist schon morgen.

1

»Einheit ist, wonach jedes Ding EINES genannt wird«, so Euklid.
So sah man die Romantik 1790–1835. Aber?
»Zahl ist die Einheit der zusammengesetzten Menge«,
so endete sein Plädoyer.

2

Aber dass der Freigeist auch Romantiker könnte sein, schließt er damit aus. Oder?
Könnte ein Teil des Zusammengesetzten (z. B. Romantik) nicht auch EINES sein:
Teil?

3

Als Jüngling lag ich im Grase an der Schwelle des EINEN Himmels. Im Alter Romantik als Teil des Alters, so zum Reichtum ernannt?

4

Dort findet Traum und Wirklichkeit den Raum, außerzeitlich mein Schreiben als EINES, mein Reichtum erkannt, mir Seele werden zu lassen.

Rüdiger Safranski, »Romantik, eine deutsche Affäre« (Verlag Hanser)
Der Duden klärt auf: Die Affäre, eine Angelegenheit, ein unangenehmer, peinlicher Vorfall.

***

So gesehen
blieb ich im Regen stehen,

wechselte von Dur zu Moll.
Eine Angelegenheit im Groll

des Lichtes, die Duden-Diallele
einzuleiten in meine unendliche Parallele,

die zu gesunden versucht, Tag und Nacht zu einen!
In eine simple Angelegenheit der meinen:

im Glauben, das Wissen zu hintergehen,
Romantik ganz anders anzusehen.

Wie's dem Duden der Mittler sollte sein!
Ich fand nur Stein bei Stein

am Ort, nicht ein romantisches Wort:
Peinlich blieb mir der Duden-Bibel-Rapport!

1790–1835: Vor-, Hoch- und Nach-Romantik, so erklärte man mir zuhauf, im Studium, in der Praxis, dem täglichen Leben, dieser Grundthese Lauf.

Die Deutsche Affäre

Ich hielt ihre Hand – lange.
Verschlang den Atem –Wort bei Wort.
Inmitten wurd's Herz mir bange,
einsames Tick-Tack im stillen Akkord.

Ich sah Schwäne übers Wasser gleiten,
ihr weißes Gefieder Reinheit in sich,
in diesem stillen Dahinschreiten,
der Atem gelöst, wohlweislich

gestört, Affäre zu sein.
Das Plagiat, sittenfrei, türmt
in unbegrenzte Sinnlichkeiten sich auf,

die unreflektiert zu Stein
sich gebärdeten. Es stürmt
peinlich sich das Licht im Schattenverlauf.

**

…
… endlich DAHEIM!
Die Tür öffnete sich
zum Stelldichein – Vergangenheit
und Zukunft zu einen: Mein Tag:
Teil der Romantik an sich!

1

Romantik ist der Tag,
der das Licht in der Dunkelheit zündet
für den EINEN Moment,
aus dem Das Moment herausgelebt.

2

Vergiss den Gegensatz,
sonst springt dir dein Kuss
in das Abseits der Düngegrube.

3

Romantik ist der Lauf,
das Gatter zu öffnen.

4

Romantik ist: Kommt
das Licht nicht zu mir ins Tal,
muss ich den Berg hinan, um
es mir zu holen.

5

Malerisch der See.
In ihm verspeiste der Hecht
gerade ein anderes Wesen.
Der See blieb malerisch,
wie die Rede des Politikers.

6

Stimmungsvoll flocht sie ihr Haar.
Dann sprach sie.
Das Haar blieb klar
und auch das aufgehübschte Gesicht.

7

In der Ferne: Romantik.
In der Hand das Gegenstück.

8

Ich ging getröstet meinen Weg bergan,
obwohl die Wolken blieben.
Romantik? Ja, nur wer weiß, wo und wie?

9

Da wachte ich auf: ich …
ein romantischer – Realist!

A

Der Morgen

Dunkel bebt der Morgen mir entgegen:
Der Maskenhorizont spielt Dunkelheit.
Doch da, ein glutig Antlitz lenkt
den Blick in weite Ferne;
es kündigt sich ein feurig Blinzeln an.

B

Aller Blicke Ferne. So
entzückt der frühe Morgen mich.
Zerschmolzen überall die Sterne
in dem Tagesangesicht.

C

Wellenrand mein neuer Horizont:
Geboren! Erstes Leuchten treibt
die Hoffnung an zu tagen.
Wogen trinken Raum und Zeit.
Das graue Sein ist neu besonnt.

D

Kleine Wellen spielen Tagerwachen.
Morgenrot erstürmt in Anmut mir
der Welt Gesicht. Eingefärbt die kleinen
Schaumeskämme, so blinzelt er mir zu:
Der Morgen lebt!

Realitäten

Wahrheit, Echtheit, Tatsache …

1

Pragmatiker, Verstandesmensch,
sachliches Wesen,
Materialist.

2

Wohin mit der Romantik vor Ort?
Gebe ich sie, die Romantik, in ihre
Hände? Was dann?

3

Sie glauben zu wissen
und wurden allein dadurch
zu Lügnern, da sie nicht
wissen wollten, dass sie glauben.

4

Romantik ist der eine,
augenblickliche Augenblick, das Licht
aus der Dunkelheit
herausnehmen zu können:
wörtlich – NUR –
menschlich zu sehn.

5

Er ging die Straße entlang
und gebar den Weg zum Worte um
und blieb stehn, obwohl er weiterging.

6

In der Hand lag eine Blume,
gepflückt am Wegesrand.
Wurde er in dem Moment
zum Romantiker? Nein!
Auch er zuerst ein Mensch!

7

Auch Romantik ist
irgendwo als Wort
eine Realität. EINS
im Haufen der
angelegten Sinne:
Mensch zu sein!
… mehr eigentlich nicht! …

Der Puppenspieler von Mexiko
sang sein Lied,
und seine Augen fragten froh:
»Was geschieht

mit dem Licht,
das ich zur Nacht nicht sehe?«
Da begann der Verzicht
als nächtliche Wehe.

Die Antwort ihm, von mir gegeben:
»Der Tag, das bin ich.
Die Nacht ist die Zahl der dunklen Stunden.«

Da fing der Puppenspieler an zu leben.
Er verstand! Die Einheit wich der Zahl,
um die Nächte mit Licht zu umrunden.

1

Auch der Einsatz,
das Licht zu steuern,
begann sich zu regen.

2

Der Zweig im Baum schüttelte bewegt
die ersten grünen Blätter,
dort im Morgenlicht.

3

Ungeboren noch, als Anfang,
der Mund geöffnet, um ein Wort
zu formen, nahm
mir das Innerste die Form.

4

Auf der Spiegelfläche des Sees
gebar sich das Leuchten,
um sich selbst zu betrachten.

5

Da setzte der Regen ein, und meine Augen
tränten bildlich, die Träne »Selbst«
auf den See und war hier zu zweit,
der Regen und der Träne Fluss!

6

Der Einsatz, das Licht zu steuern,
er blieb aus. Der Regen selbst auf dem See,
Tröpfchen für Tröpfchen,
gab mir das Sehen ein,
nicht nur Fläche zu sein.
Die Natur selbst gab mir wortlos die Hand!

Der Ort, das Wort

Es hob sich an, meine Wiege
zu betrachten, all die Kriege,
die im Wunderland der Fluten
sich die Hände friedlich gaben;
wenn nicht die dunklen Raben
schworen: »Wir alleine sind die Guten!«

*

Nur der Poet,
er war geblieben.
Alle »guten« Taten aufgeschrieben,
und das Glück des Andersseins
brachte schlechte Noten mir.
Somit wurd' zum dunkelsten Spalier
ganz allgemein das Wort zum Schein.

*

Des Glückes Körper, er
blieb lichtbefreit einfach Zeit:
… schattenfrei!

A

Begnadet hob er die Hand, um zu geben.
Was gab er?
Er gab aus dem Antlitz heraus ein Wort –
BROT – und es entstand Leben:
Wort für Wort.

B

Sollte das schon die Romantik sein?
Sehe ich die Hand, die gibt, dann formt sich pittoresk ein
Blumenbild.

C

Ein anderer Irgendwer, der neidisch war, sagte: »Der spinnt!«

D

Oh weh, wer gab uns das Wort?
Mutter gab uns den ersten Ton!
Also könnte doch nicht alles gelogen sein!

E

So zog ich mich in mein Tusculum zurück und las Heraklit.
Kann das Romantik sein?

F

Schaue ich in den Kalender, sehe die Jahreszahl, tritt mein Alter
vor die Tür und spricht zu mir: Warum siehst du nicht endlich
ein: unendlich REICH zu sein!

G

Ich erstaunte:
über – mich – nachgedacht zu haben zur Säule und schrieb mir
meinen Reichtum in die Seele ein.

H

»Bin ich jetzt reich?«, fragte ich mein Umfeld ab!
Und sie lächelten alle.

I

Ich verstand, sie konnten mich nicht verstehen …
nicht einmal sehen!

J

Und ich ging den Weg, diesen Reichtum zu leben, in der Ro-
mantik Realist zu sein, ein Armer, der im Alter seinen Reich-
tum fand.

K

»Ja, ich weiß, woher ich stamme,
ungesättigt gleich der Flamme,
glühe und verzehr ich mich.
Licht wird alles, was ich fasse,
Kohle alles, was ich lasse.
Flamme bin ich sicherlich!« (F. Nietzsche)
Auf seinen Schultern lebte ich die seinen Worte aus!

L

Sollte das schon Reichtum sein?

M

Nein: viel, viel mehr. Denn diese Münze aus purem Golde
schmückt dich tags und zur Nacht: Nur?
Mit diesem Reichtum bist du stets allein, ob Romantiker oder
Realist!

N

… und doch zu zweit …
im Alter unendlich REICH zu sein:
das Wort und ich! …

Der Ort – das Wort

Wenn das Licht nicht zu mir findet, dann muss ich zum Licht:
So will es mein Wort.

*

Finden und Suchen ist dort identisch,
wo das Licht sich aufmacht,
Wort zu werden.

*

Wüsten und Oasen bebildern meinen Gedankengang.
Wie die Worte eben sind:
Die Worte/Wort.

*

Schauen wir in den Spiegel:
Was sehen wir? Oase? Wüste? Nein!
Wörter/Wort.

*

»Willst du weise sein?«,
fragte man mich.
»Nein, einfach nur
›EIN‹ Mensch.«
Denn des Geistes Körper,
der ist schattenlos!

»Romantik, eine deutsche Affäre« So lautet ein Buchtitel des Autors R. Safranski: Hanser Verlag.

1

»Affäre, ein peinlicher Vorfall«,
so der DUDEN!

2

Warum sollte träumerisch, geheimnisvoll umwittert, sentimental etc. peinlich sein?

3

Der Reichtum des Alters trinkt diesen Restmüll negativer Gedanken fort, um in der Suche nach dem Licht nicht von einer Affäre abgeschreckt zu werden.

4

Romantik, allein betrachtet, ist nicht haltbar, da Lachen und Weinen stets eine Einheit – Leben – bilden. Aber?
Jedes Hochgefühl als peinlichen Vorfall zu betrachten, das ist, den Kreis, Einheit L e b e n , dort zu schließen, wo das Licht vom Berge herabkommt, um dir das wahrhafte Leben vors Auge zu halten.

5

Das Licht in der Hand, warum soll ich in dem Moment nicht an Licht denken?

6

Dunkelheit stellt sich von ganz alleine wieder ein, betrachte ich stets den Kreis getrennt, an dem Punkte, wo der andere peinlich mein momentanes Schwärmen zu verspotten droht.

7

Romantik ist nur EIN Teil des Kreises – Wort –, das alle Gefühle enthält.

8

Hier, an der Stelle, löse ich, der »romantische Realist«, alle Kreise auf und führe sie geöffnet ein in meine Blick-geöffneten unendlichen Parallelen, um diese Affäre – zum Beispiel »romantische Schwärmerei« – als einen Handlungsakt positiv zu betrachten.

9

Aber? Positiv funktioniert in meinem Sinne an dieser Stelle auch nicht, da ich in dem Moment meine Augen – eingegeben in die unendlichen Parallelen, ausgelagerten Diallelen – wieder einführe, »Gut und Böse« neu in meine Sinne einzugeben!

10

Gebote? Ja, die, die du dir selbst wortlos gegeben, deinen Weg
pflastern: ob du willst oder nicht.

11

Der Geist möge sich vom Wort befreien, um wahrhaft Wort
zu werden: der deine geöffnete Kreis!

12

Ich gehe? Nein, ich stand still:
bewusst, um diesen Teil Romantik zu genießen:
ich, ein Mensch!

V Wahrheit und Dummheit am Rande des Tages

1

Er nannte sich weise. Das war dumm.
Die Einheit im Kreise, sie ward stumm.

2

Da begann das Licht zu flackern,
und der Weise, er fiel um.
Er gab sich allzu gern
als sehr belesen: Drum
wies er sich als weise aus
und der Dumme blieb zu Haus.

3

Man macht viele Wesen zu Weisen,
weil man sie nicht versteht.
Würde man sie verstehen, was dann?

4

Sokrates wollte sicherlich nicht selbst
der Weiseste genannt werden.
So wie Heraklit nicht der »Dunkle«.

5

Aber? Wer sollte einen Weisen zum Weisesten
küren? Er müsste selbst weiser sein
als Sokrates und dunkler als Heraklit.

6

Schon bin ich bei der Maske Wort!
Und nähmest du alle Masken – Wort bei Wort,
dem Wort, dann stehst du vor der letzten
dort, wo das Wort sich selbst gebärt:
Hier halte ich ein. Wenn du nicht selbst
der Weiseste mit Gewalt willst sein.

7

»Oh Mensch, gib acht«, sprach Nietzsche.
»Alle Welt will Ewigkeit, tiefe, tiefe Ewigkeit!«
Dort setzt die Romantik ein, im Wortgebrauch
einfach Mensch zu sein: Teil, und doch
EINE Vielheit: Leben!

8

Angekommen dann, um weise nur zu sein? Nein!
Die Selbstgeburt deiner Maske – Wort – setzt den Stein:
Wir könnten im eigentlichen Sinne ALLE weise sein:
wenn nicht die Maske Wort uns im Benennen ausschließt,
nicht erkannt zu haben, dass die letzte M a s k e
keine Maske ist, sondern du allein mit deinem Selbst.

9

Das Gebot der Stunde füllte die Runde.
Ich gebe eine Flaschenpost in die heimatliche Elbe,
und nach Jahren fand ich auf einem anderen Kontinent:
das Wort, es war noch dasselbe! Der Fluss?
Die Elbe, als Einheit Jugendzeit, immer noch dieSELBE!

IV   Glauben und Wissen!

5. September 1997 – Zitat: Mutter Teresa!
»Frieden beginnt mit einem Lächeln.«
   Dieses Lächeln ist der Beginn eines neuen Krieges! Denn vor diesem Lächeln ist der Teilbetrag der Einheit:
   »Krieg und Frieden«, eingegeben in den Tatbestand, im Lächeln, gesiegt zu haben. Friede und Krieg ist für mich die aufgelöste Kategorie – wie Gut und Böse, im Einklang Mensch ergeben: Leben!
   Mein Friede – als Kind – war ein Weinen! Heimgekehrt in das zerbombte Hamburg; weinte ich! Kein Lächeln, nur der innerliche Hassmensch zu sein! Seht … Lachen und Weinen bilden gemeinsam den zusammengesetzten Korpus; mich vom Menschsein entfernt zu haben.
Das? Schon als Kind. Alle sieben Jahre soll der Mensch sich verändert haben. Mit diesen sieben Jahren über 100 Kilometer mit dem Kinderfahrrad Mecklenburg–Hamburg, eingefahren in ein zerbombtes Haus. Friede?
Ja, so die Sieger und Verlierer! Ich dagegen empfand nur Hass, tiefstes Nichtlächeln über diesen Friedensbeginn!
   Was sollte in dem Moment ROMANTIK sein? Mein Lächeln war als Kind die nächsten sieben Jahre bis zur Schulentlassung, mit vierzehn (wieder) sieben Jahre vorbei, nicht beendet. Die nächsten sieben Jahre, bis einundzwanzig, durch die Hölle gegangen – wenig gelächelt! Die Meisterprüfung im Handwerk, da gewann ich mir ein Lächeln ab; ich schloss Frieden mit mir und begann irgendwo Mensch zu werden.

1   Schaut auf die Einheit bei jedem Wort,
       dort liegt das höchste Gut
       ›für Groß und Klein‹,
       am Rande des Glaubens Mensch zu sein!

Das Wort, die Wörter: Bilder, Steine!

Hand in Hand geht der Gedanke
aufrecht in das große Phänomen,
die Hand zu geben, jener Schranke
Wörter als tiefste Gedanken zu verstehn.

So öffnen sich die Welten ›Wort‹
allein im tiefsten Ich-Verstehen,
alle Brücken neu zu begehen:
Sprache, du mir liebster Ort!

Wort bei Wort wird Smiley-Denken.
Mein Ich zutiefst nach Atem rang.
Der Restbestand fiel ein:

Möge das letzte Sich-Beschenken,
Muttersprache, im Denken bang,
zerbröseln zu Sand den kalten Stein.

Wörter fallen mir heute
wie Schneeflocken vom Himmel.

Morgen sind's die Regentropfen,
gleich Tränen der Zeit.

Gefroren ist das Wort zu Eis,
wenn ohne Hand und Fuß

sie, sich weit von der Erde Leib
in die Sphären vertränen.

Tropfen, sie, des Tages Flackern:
Freude sei zu erwähnen.

In meinen Händen schmolz das Eis
Schneeflocken, gleich Regentropfen

EINES zu sein: und doch
so endlos: wortbefreit!

Ich lerne: zu gehen.
Der Adler lernt: zu fliegen.
Heute fliege ich mit meinem Sehen
in die allerhöchsten Stiegen,
dort, wo die Luft so rein
wie goldner Wein!

*

So wie Moll und Dur
soll meine Melodie
mir Quasisprache sein
von Liebe und von Leid.

*

Mir war das A bis O
stets immer auch ein Lichtmoment,
sich ständig neu zu erfinden.

*

Flügge ich? Nein!
Noch lähmte der Atem mir
Mark und Bein,
der Adlerfedern gleich
mich in die Lüfte zu erheben.

*

Und doch, wir flogen beide,
der Adler wie auch ich,
im Wissen: DA zu sein.

A¹

»Auf, auf!«, sprach das Leben.
Da war ich mit einem Male
im Wörterschweben
in der Gedächtnisschale,
Licht zu trinken.

A²

»Auf, auf!«, sprach der Tod …
und ich begann wahrhaft zu leben.
Krankheiten und Leid im Code,
dem meinen Reichtum einzugeben.

A³

»Auf, auf!«, sprach die Zeit …
und ich war wortlos bereit!

1

Das Lächeln Tereses – ein Wort, eine Maske!

2

Mein Lächeln setzte dort ein, wenn andere sagten:
»Dies oder das schaffst du nicht!«
Volksschüler, ich!

3

Evangelisch konfirmiert, weil ich unseren Stellinger Dorfpfarrer als Freund gewann.
Er war Mensch, spielte mit uns Tischtennis und Fußball, so gut er konnte, und besuchte uns als Freund der Familie!

4

Das Wort flog als Note C, D im fernen Napoli dahin!
So zogen sich die Jahre in das Land, Teil des NOCH Grünen Planeten: Erde (2003) … noch!

5

Zehn mal sieben Jahre durchlebt, plus drei, und schon steht das Alter – nicht vor der Tür, sondern mittendrin im Reichtum der Erkenntnis Lohn, trotz aller Krankheiten unzählbar reich zu sein.
»Ich schreibe mir die Seele aus dem Leib«, so der Spruch der Weisen – sie.

6

Zwei Jahre gefesselt vom tiefsten Schmerz, sieben OPs, unzählige Bestrahlungen überstanden. So betrachte ich das Licht am Horizont, einfach ein Stern, im Wort: Geborensein!

7

Die Welt in seiner Ganzheit, als Teil überlebt; so durchstreife ich die Tage und die Nächte der Jahre zwei, und ich hoffe, dass mir noch einige Wörter bleiben, um meinen Reichtum »überlebt zu haben« … zu leben!

8

Da wand sich die Mondessichel ins Abendbild hinein und blieb, die Dunkelheit erhellend, als die Verbindung mir: zur Einheit: der Tag!

9

»Ob ich weise sein möchte?« Nein, das schlösse Dummheit ein. Selbstvergöttlichung? Die überlasse ich den Bürokraten, die im Geld-Gold-Zählen dort lächeln, wo für sie der Friede begann, anders … als ich reich zu sein!

10

Zum Thema Maske füge ich bei,
das Wort Gott – als WORT – wird dort Maske sein,
wo die Virtuosität in den Religionen dieses Wort zerstückeln,
um in ihrem Worte Gott allein:
alleinige Wortwahrheit zu sein!

11

Nähme ich die Maske, menschliches »weise sein zu wollen«, ab,
dann birgt sich darunter ein neues Wort, eine neue Maske!
Und nähme ich allen Religionen die Masken des Wortes Gott
ab? Was bliebe? Ein neues Wort:
zum Beispiel Nihilismus … so heute! Die neue Religion!

12

In die Transzendenz hinein, alle Masken ausgeleuchtet, stehst
du vor der unendlichen Maske:
und du sagst: »Gott«, und es ist dasselbe Wort wie einst Ygg-
drasil, Manitu … und so weiter!

13

Jede wahrhaft gelebte Religion endet an dem Punkt, wo du vor
der letzten Maske stehst:
der Mensch! … im Ich und Du!

14

Und dort wörtelt er, der Weise, neue Masken in den Horizont.
Aber? Dann kommt er, der Mensch, mit dem letzten Mittel:
›gewinnen zu wollen‹ …
»Dass das Wort von ihrem Gott als wahr alleine stammt.«

15

Und der Romantiker wird Realist, wie auch umgekehrt,
setzt sich selbst die Maske auf …
An dieser Stelle werde ich zum Un-Weisesten der Welt und
schwenke ein:
Die letzte Maske sollte immer ein stilles Nichtwort sein!

16

Diese Demaskierung strebt einer neueren Maskierung ent-
gegen, nur um zu sagen: »Ich weiß, mein Glaube allein ist
wahr.« Und alle Religionen fallen dort ein, im ewigen Wissen
zu glauben!

17

Der reine Glaube, er ist ein Wissen, NICHTS zu wissen.
Das ist nicht von mir: von Sokrates ist dieser Blitz des Erken-
nens, das wahre menschliche Gut, den Reichtum des Alters
aufs Neue ständig neu zu benennen: nur Wörter? Nein! Dort
sind keine Wörter mehr zu HAUSE.

18

In der Annäherung, das Wörtchen Gott zu erlösen, schrieb Nietzsche einst: »Gott ist tot!«
Und er versuchte über das Wort Nihilismus diesem Unergründlichen einen neuen Namen zu geben! Aber?
Nur um sich dort unendlich – menschlich – anzunähern mit unserem Wunder – so Schiller – unserer Muttersprache: WORT!

19

Jetzt lächle ich. Dort, wo mein Frieden beginnt in jeglicher Annäherung ... in unserem Wunder: Wort!
Und das weltweit! ...

20

Verzauberte Natur

Verzaubert fällt ein Blatt zu Boden.
Feingerippt lusttrinkt das Licht den Aderrausch.

Unbekannte Flugobjekte – letzte Sonnenstrahlen –, wenn sie fallen buntgefärbt durchs Licht vom Baum.

Ein weißes Blatt ›Papier‹ mit Wörtern vollgeträumt vor meinen Füßen: Hier!

... mein wortloses Abc! ...

Wilhelm von Humboldt, aus: »Die gesellschaftliche Kraft der Deutschen Sprache«
»Die Sprache und ihre Verschiedenheit müssen als eine die Geschichte der Menschheit durchlaufende Macht bezeichnet werden.«

A

Ab heute stirbt die Deutsche Muttersprache aus (2001), um ewig die Sprache der Dichter und Denker in geraumer Zukunft als verwaltet zu gelten: so wie zum Beispiel Italienisch als die Sprache der Musik.

B

Musik ist heute nur noch Gestöhne und Gedröhne, um das Selbstdenken nicht an sich herankommen zu lassen. Das Gleiche geschieht mit dem deutschen Wort.

C

Als »Verschiedenheit« ist doch nur das neue Zeitalter zu betrachten: Punkt, Strich: E-Mail etc. heben in uns das Selbstdenken langsam auf.

D

Deutsch ist schon lange nicht mehr meine Muttersprache. So wie Frau Merkel, sie, die die Sprache meiner Mutter nicht mehr als deutsche Einheitssprache als Geschichte der Menschheit (für die Deutschen) einleiten möchte!

E

»Die gesellschaftliche Kraft der deutschen Sprache?« Sie ist schon lange dahin, und mit ihr der geistige Raum der Denker und Dichter!

F

Sprache ist nicht nur das Wort in sich, sie ist nach Schiller noch – »ein Wunder«! Heute endet dieses Wunder im Wortgebrabbel der Vielschichtigkeit, weiser noch als alle anderen sein zu wollen. Wie? Mit der iPhon-Taste, die mit »Punkt, Komma, Strich« einst die deine eigene Sprache erlöst.

G

»Ich weiß, dass ich nichts weiß!« Und er hatte den teureren Apple-Bildschirm neu erstanden! Deutsch? Kommt kaum noch vor. Wir sind doch international.

H

Aber Internationalismus ist nichts anderes als Nationalismus, nur mit dessen Vorzeichen!

I–J

Und ich nahm das kleine Büchlein meiner Mutter, las in Plattdeutsch die Kinderreime und war zu HAUSE, in meiner Muttersprache: Deutsch!

K–X

An dieser Stelle beende ich, Deutsch zu sprechen, obwohl die
Form der Worte bleibt. Sie bekommen nur einen anderen Sinn.

X–A

»Ich denke« klingt dort einfach nicht mehr DEUTSCH, son-
dern international, wie Englisch, Türkisch, auch Russisch fällt
mir dabei ein: Ich zu Ich blieb außen vor!

...

Das Zeichen, das sich aufgemachte Wort zu werden.
Und? Als es Wort wurd', dann auf Erden,
wart das Ich zum Harlekin.
Also lasst uns weiterziehn.

In das abgemachte Zeichen: Wort.
Jedes ist ein Plagiat, so mein Rapport.
Und aus der Einheit ganz apart
wurd die neue (Vielheit) Einheit: Staat.
Der Baum ist tot:
Die Sprache lebt!

Weisheit und Dummheit am Rande des Tages

Realismus ist immer Teil der Romantik. Ohne IHN wäre ein Looping nicht zu verstehen. Die Bodenlosigkeit, Gedanken in ein Wort zu fassen, ist Dummheit und Weisheit zugleich.

Denn? Ohne Dummheit wüsste man nicht, was Weisheit ist.

Das erkannte ein Dummer: ich! Deswegen weise sein? Nein! Einfach nur spröde Nüchternheit. Ohne das EINE gäbe es das andere nicht. Also rief ich in meine Hand hinein, ohne weise zu sein, was Weisheit ist.

Du meinst, ich glaube nur, dass es so ist?

Glaube ohne zu wissen ist das härtere Problem. Hier hilft der Looping nicht allein, es muss ein senkrechter Schleifenflug gewesen sein, er, der mich glauben ließ: zu wissen!

Das Glauben und der Glaube schließt den Gedanken Wissen völlig aus, da die Grundmächte der Geburtenkontrolle, ein Wort wie »der Glaube« in den Tag hineingebären, Teil der unergründlichen Möglichkeiten in sich birgt, Wahrheit auszuschließen. Damit wird »der Glaube« nur dort wahrer, wo er der Vergangenheit angehörig ist, in jener Einheit Romantik allein zu betrachten.

Glaube dem Glauben, das allein ist die Totalität seiner unumgrenzten Wahrheit: Und sie stört uns nicht mehr. Sie wird Uferzone in das Meer hinaus, auf das Schiff zu warten, das dem Kapitän als Wort dir offenbart.

So fliehen die Jahre in das Land. Das Kind glaubt. Der Jüngling glaubt. Der Mann, mit Kind und Kegel, er muss traditionsgemäß Wissen gleich Glaube setzen.

Das Alter erreicht, dort glaubt man immer noch im Wissen, geglaubt zu haben.

Die Krise ist das Licht, das in jeder Dunkelheit schlummert – als Bestandteil – des Augenblicks.

Neuformiert versucht das Alter den Glauben des Kindes, des

Jünglings, des Mannes in das seine neuerwählte Abc hinein-
zuschleusen.

Und siehe da? Es gelang. Yggdrasil, die Weltenesche, der
Weltenbaum, wurde wahr, vom Glauben befreit, als ich die
verseuchten Felder sah. Die begüllten Halme, weltmenschen-
fremd. Sollte das noch der Roggen sein, den Großvater, die
Ährenreihen durchschreitend, dann irgendeine dieser Ähren in
den Händen verrieb, sie seligst im Munde zerkaute, um dann
lächelnden Auges und Herzens fröhlich ausrief: »Morgen wird
gemäht!«

Natur wurde wahr, ob man es begreifen will oder nicht, und
die Weltenesche Yggdrasil wurde einfach: Der Baum, das Le-
ben selbst.

Wahrheit oder Dummheit? Der Mensch ist zum Glauben
geboren. Woher ich das weiß?

… auch das ist ein Glaube, der Teil, selbst ein Stückchen
Weltesche zu sein.

Jetzt bin ich reich, das weiß ich aber für mich ganz allgemein:
allein!

Die gebundene Freiheit

Aus meinem Katalog der Unfreiheit, im Worte Einzelwesen zu sein, blieb ich ungesehen im Wort, der Tag, bestehen, er, der den Morgen mit der Nacht verband. Alles in einer Hand: Sein und die Zeit.

Meine Gedanken an einen meiner Lehrherren, F. Nietzsche:
»Ich schreib nicht mit der Hand allein,
der Fuß will stets mit Schreiber sein.«
So fiel Nietzsche mir ins Wort,
in meinen Reichtumsrapport.

So gesehen ist nicht viel geschehen:
»Frisch, frei und tapfer läuft ER mir bald durch das Feld, bald durchs Papier.«
So fiel die Zeit, füllte mit Philosophie meinen Raum,
angefüllt mit seinem Reichtum,
den 'Grünen Baum', die Blüten frisch
noch unbegüllt: meinen Reichtum zu leben.

An der Straßenecke
schimmert die Straßenlaterne
froh den matten Glanz
mir in die Augen:
sein kleinster Schüler – ich –
gewesen zu sein.

Meine prall gefüllte Börse ist das helle, weiße Blatt Papier, jenes: das, Welle um Welle, die Materie – Begriff – mit meinem Atem zu messen, nicht mit Gold und Geld die Welt anzuwählen, so füllt sich das Säckchen, mein artig Verstand hinaus ins wahre Märchenland: der Mensch!

Dort, wo die Wahrheit Kategorien-befreit mit Herz die Augen öffnet – außerhalb der Zahlenzählerei das Ich als EINES zu beschreiten: als EINS in der Vielheit:
Menschenland.

Mein Reichtum ist ein stilles Sichbeschenken, dort, wo man Gier und Hass vergisst, um im freien Aufwärtsschwenken sich mit dem Reichtum Seele misst: den Korpus Sprache, mein Wesen zu benennen im Aderlass, das Meer mit Nacht zu füllen.

Bis hierher und nicht weiter zähle ich meinen Reichtum auf, mal traurig, andre Male heiter: so wie meiner Seele Buchstabenlaut.

1

Aufgehoben ist die Allheit: SEHEN, ein Gefangensein außerhalb.

Außerhalb der meiner letzten Kategorie: Frei/Unfrei (gefangen zu sein)!

Als Romantiker – auch weiterhin Realist zu sein.

2

Gebunden ist das Licht stets auch an Dunkelheit (so die Kategorie).

3

Am Fenster: ich.

Und? Ich schau hinein.

Oder doch hinaus?

4

Außen ist doch auch ständig der EINE Zwischenschritt, stets dabei, auch innen zu sein!

5

Der alte Goethe sagte:

»Das Romantische sei das KRANKE!«

6

Nüchtern betrachtet liegt dort seine Romantik begraben.

7

Seine Italienreise war also von vornherein – Unromantik?

8

So stehe ich, der arme Krieger, einbetoniert: von Freiheit umringt am Eingang seiner Romantik.

9

»Da wir das Ganze nicht anfassen können und das Ferne uns zerstreut.«

10

»Die ästhetischen Freuden halten uns aufrecht, indem fast alle Welt dem politischen Leiden unterliegt.«

11

Safranski in seinem Buch: »Außerdem gab es dort noch den Satz: »Die sokratische Ironie. ›Ich weiß, dass ich nichts weiß.‹«

12

Der Duden bringt mit Ironie eine »feine Spitze« in den Handel
ein:
nicht wissend, wissend zu sein?

13

Diese Spitze gab Safranski hier – sich selbst –
unwissend mehr, als der Wissende zu sein?

14

Euklid sagt: »Ein Punkt ist, was keine Teile hat. Eine Linie ist
eine Länge ohne Breite.«
Ist der Punkt nicht der Beginn: kleinste Linie zu sein?

15

»Ich weiß, dass ich nichts weiß«, ist eine letzte mir verbliebene
KATEGORIE: ›Dafür/Dagegen‹.

16

Diese Spitze blieb mir, um mein Ich zu schonen, wieder in
Gut und Böse einzusteigen, im Guten gut oder gar ein Böser
zu sein!

17

Bei einem Nietzsche-Kolloquium in Sils Maria (CH) traute mein Ich sich in das kirchliche Gemäuer ein, den Sonntag zu begrüßen!

18

Nach der Andacht fragte ich den Priester, was er von seinem bekanntesten Gast in Sils Maria halte.

19

Er antwortete: »Sein ‚Gott ist tot‘«, ist ein so tiefes Dagegen, dass es auch ein Dafür beinhaltet.«

20

Da sah ich Nietzsche in dem Moment nicht anders, aber diese Kategorie, sie blieb im Angesicht von Wissen/Nichtwissen bestehen.

21

Wie kann ich in einem Dagegen dagegen sein?
Des Pastoren Wort. Ich probierte!? ...

22

Schon war ich beim Punkte Euklids gelandet:
»Ein Punkt ist, was keine Teile hat.«

23

Mit welchen Zeichen komme ich aber an diesen Punkt …
»dass ein Punkt keine Teile hat«?

24

»Drei Punkte, die nicht auf einer Geraden liegen, beschreiten
immer einen Kreis.«

25

Hier macht Euklid den Punkt teilbar:
»Punkt an Punkt!«

26

Wie kann ich dort gegen den Kernpunkt sein,
um einen Punkt als Einheit zu erkennen,
dort, wo er keine Teile (Punkte) mehr hat?

27

Dort bin ich in meiner letzten KATEGORIE
gelandet: Dafür/Dagegen zu sein!

28

Der Kreis, das Urphänomen der Punktesammlung, führte
mich aus diesem Kreis – Dafür/Dagegen – hinaus.

29–30

… und schon war ich bei meinem letzten Punkt gelandet: der
Un-Punkt.

31

»Gott ist tot!«, sprach Nietzsche. Er begab sich an den Punkt
vor dem Punkt, obwohl es den laut Euklid nicht gibt. Dort
setzte er seine Spitze auf die Menschheit insgesamt ein: im
Glauben, Wissender zu sein!

32

Jetzt ziehen sie, wieder »Punkt/Wissende« zu sein, in den
Krieg, dort, wo IHR Glaube das Wissen um ihren wahren
Un-Punkt … zum Mord berechtigt.

33

Waren die Reformationskriege ETWAS anderes, als Punkt für
Punkt aus (1) Nichtwissen zum Wissen zu gelangen … um
ihren Punkt zu rechtfertigen? …

34

Der Kaiser braucht keinen Punkt, auch die Kirche nicht, die
Diktatoren ebenso wenig. Vor diesem Nichtpunkt nehmen sie
das Göttliche für sich in Anspruch!

35

Noch ungeboren und doch geboren: ich!
So empfinde ich mich stets als Punkt im Wort, auf dieser Linie
eingelenkt: Mensch zu sein.
Bin ich jetzt DA-für oder DA-gegen?

36

Dafür/Dafür, dagegen zu sein?
Und Da-gegen, Da-für?
So liegen für mich immer (3) Punkte in dieser Euklidischen
Linie und bilden die Teile, um den Punkt Mensch erkennen zu
können: obwohl nur zwei (2) Punkte auf dieser Linie sichtbar
liegen.

37

»Ich bin!«, sprach Descartes. Das kommt aus dem Vorpunkt des Punkteseins. »Also denke ich!?«

38

Und schon betrete ich den großen endlosen Kreis, Mensch/ oder Nichtmensch zu sein!

39

An irgendeiner Stelle stellte sich Nietzsche selbst aus diesem Kreis heraus, nicht mehr zugehörig, Mensch zu sein.

40

Ein Punkt, um dagegen dafür zu sein?
Aber? Un-Mensch ist allgemeingebräuchlich etwas Widerwärtiges! Dabei kann es auch ebenso etwas außergewöhnlich Gutes sein! …

41

Aus dem Kreis heraus, egal welcher es auch immer ist, ist ein Zeichen: geborener Begriffsbonus, als Punkt zu einem anderen Punkt zu gehören! Im Grunde bilden schon zwei (2) Punkte einen Kreis, denn das Gedachte bildet Punkte – und somit erkannt bildet sich jeder Kreis!

42

Mein Dafür muss noch das Dagegen auflösen, um das »vor dem Punkt Gedachte« als Unteil in meinen Wortschatz einzugliedern.

43

»Wenn ich frei sein will, wenn ich mit mir identisch sein will, muss ich meine Herkunft in mein Selbstkonzept integrieren!«
So sprach einst Karl Jaspers!
Also gliedere ich Wort für Wort mich ein: in meinen Wortschatz ›Ich bin: dafür!‹

I

Die gefundene Freiheit ist im Grunde der Inbegriff der Unfreiheit.

Bin ich frei, dann gebiert sich der Knospe Keim vielleicht irgendwann um in ein »frei zu sein«.

So gesehen bringt die Zeit allein dir der Knolle Wurzelkeim, (– in – mit) der Frucht alleine frei zu sein.

Gefangen dann – mauerfrei –,
grenzenlos baust du selbst die neue Begrenzung auf

und dahinter wieder, hinterm Zaun,
der Apfelbaum mit jenen Früchten, Freiheit dir, als Mundraub,
zu beschaffen.

Jede Freiheit, ganz allgemein, ist jener Fingerzeig, ganz frei erst recht gebunden zu sein.

Also schaffte ich diese Kategorie ab, pflanzte einen Apfelbaum und bemerkte in der Freiheit Samen, FREI – wie unfrei ich doch war. Und setzte mich vor irgendeinen Zaun und erfreute mich, im Schauen frei zu sein.

II

Das Gesetz der Schwäche
ist allein der Reim
der Anode Zeche.
Freiheit, in sich der Keim

des Glücks, als Pluspol
in dem Gerangel,
gefangen im Kapitol,
die Freiheit an der Angel,

sich als geheilt zu geben.
Aus dem Angesicht im Flehen
ist als Ausgeburt der Angst

als unfrei auszuleben!
In der Umnachtung das Vergehen.
Vergessen die Freiheit, um die du bangst.

A

Romantik ist der Markstein, ein Jahrhundert zu beschließen
(1790–1835).
Die deutsche Literatur soll hier einen ihrer Höhepunkte eingeläutet haben.

B

»Eine deutsche Affäre«, so der Literat Safranski.

C

Selbst die Religion sollte neu überdacht werden.
Überdacht, von »Er dachte« (Denken)!
Und sie deckelten ab den einen Moment,
um in »Unfrei« für kürzeste Zeit »frei zu sein«!

D

Dann wollte man mehr: von Meer zu Meer.
I., II. Weltkrieg sollte die Menschen befrein.
Was war? Ein Reich stürzte ein, von dem man ihnen versprach,
im Siege alle frei zu sein.

E

Was änderte sich?
Die Kontinente, die Religionen!
Alle predigten und preisten auch heute noch,
DANN endlich frei zu sein!

F

So gebaren die einen den Kommunismus.
Arbeiter- und Bauernstaat, so das neue Freiheitsdiktat.

G

Und als die Arbeiter reich, sie, die die Macht an sich rissen, da
vergaß man, Bauer, Kommunist zu sein!

H

Man kürte die Staaten in Freiheiten ein.
Sie sollten alle gleichgeschaltet Kommunisten sein!
Und als die Funktionäre frei, kommun, aus dem Arbeiterstand
erhoben, da trat etwas ganz normal Menschliches ein.
Der einfache Bauer wollte nicht mehr Bauer sein.

I/J

Die Privilegien verschoben sich,
der Arme wurde reich. Was nun?
Eine neue Freiheit musste her!

K

Kommun ist nicht unbedingt an Freiheit gebunden. Zäune,
Mauern und Wälle grenzten ein, was in sich gebunden Freiheit
sollte sein.

L

Dagegen? Ich? Nein. Ich wollte aber nie der Allgemeinheit
Gegner sein.

M

Ich wollte aber nie im Selbst Masse sein. Mach dies ... Mach
das ... Alles für das Allgemeine!

N

Fliegen wollte ich, einst, im Flugzeug allein.
Ein Mal der Sonne Mensch ganz nahe zu sein.

O

»Aber was ist schon Nähe?«, wurde ich gefragt.

P

Nähe ist das Knäuel Garn, das du dir selbst zu einer Knospe spinnst. Die Fächer aber halte fest in eigener Hand.
»Ich bin der Herr, dein Gott!«
So Gottes Gebot: So die Bibel.
Man schaffte die Religionen ab: Sie machten sich selbst in diesem Worte – ich – zum Gott und befahlen.

Q

Und das ist so auf der ganzen Welt gleich.
Ich schloss mich ein, ich wollte alle Religionen verstehen.
Und nach Jahrzehnten gelang es mir: im Alter. Ich las HAFIS, den persischen Dichter, er, der sich Mohammed anschloss, um so (wie er es selbst beschrieb) bei 72 Sekten im Lande Persiens, dem christlichen Glauben ähnlich, fortlaufend sie neu als Einheit zu artikulieren.

S

Goethe band dann das Morgenland in Hafis' Verse ein, »Auf dem Diwan« wörtlich allein – bei ihm zu sein.

T

So gesehen ist im Grunde – nach der Primatenzeit – nicht viel geschehen, sieht man einmal von der Technisierung durch die Elektronik ab.

U

Im iPad wird dir kommun gegeben, wie sie die ganze Wahrheit ohne Muttersprache einst mit (...-,,,-Strich) etc. in deine Seele eingebaut.

V

Seele? Frage den Punkt im Kreise, der dir durch die Politik, Kirche, Uni als wahr im Kreise Euklids als Punkt im Punkte dir eingegeben.

W X Y Z

Und die Punkte hinter dem letzten Punkt (nur für die erkunden, die die Gesetze, Gebote herausgeben), sie kann der einfache Mann nicht sehen. Sie sind ja unsichtbar: nicht nur für Euklid!

(.)

Frage auf Frage blies mich aus dem Mauereckenhaus heraus.

Ich flog an Türmen und Häusern vorbei, vom Sturm getrieben,
alle Windrichtungen ab:
Und ich erkannte mein neues Zuhause,
da stellte ich mein Fragen ein.
Und ich war wieder beim A ...; Wörter! ...
Der einsame Weg zum Ich ...

Der einsame Weg zum Ich

Wieder fällt ein Licht herab,
Erde zu küssen: ein Regentropfen.

Wieder fällt ein Licht herab,
Pflanzen zu umkosen: ein Sonnenstrahl.

Wieder öffnet das All die Augen,
tränt Tau in den frühen Morgen:
wieder und wieder, tagaus und tagein.

Wieder beginnt der Tag die Hände
auf die Erde zu legen: Menschenhände.

Wieder beginnt die Nacht, Augen
zu trösten: Menschenaugen.

Wieder erinnert die tickende Uhr
an die Zeit, die dir bleibt. Tag
und Nacht als EIN Licht zu sehn.

Und der Tag erwacht in den Sternen, die
Nacht im Sonnenlicht: einfach da zu sein.

Die kleine, unbedeutende Weisheit des Mauerblümchens hat 4 (vier) Häuserecken.

Ost/West/Süd/Nord als Gesamtbild des Blühens:
Möglichkeiten.
Der Wind ist der Zeit: Raumeingeber!
Auf der kürzesten Häuserwand ist mir der Norden am liebsten;
denn dort war ich geboren.

    **

Von Süd/West/Ost bekam ich also nie etwas mit, wäre nicht
der Wind, der mich um die Ecken blies. Das, was im Osten
Glaube war, war für mich im Alter dann jenes Wissen, Bilder,
die verboten waren in riesigen Buchstaben zuHAUF, als ihre
Wahrheit in die Lande hineinzuwehen:
»Tötet alle die, die anders glauben!«

    *

Dann kam eines Tages eine Bö und blies mich aus dem Mau-
erwerk hinaus. Ich flog, getrieben vom Sturm und Gebraus,
alle Windrichtungen ab.

    *

Da! fiel ich irgendwo, der Wind ließ nach, auf ein Feld: eine
Wiese. Dort angekommen hatte ich dann alle Richtungen vor
Aug' und Seele, von Ost nach West, von Nord nach Süd. Und?
Aus dem Mauerblümchen ward ich durch diesen Looping –
mauerritzenbefreit – frei, in meinem Alter als Geschenk des
Himmels anzunehmen:
Frage und Antwort mir selbst zu geben!

Das war mein Reichtum, und den wollte ich nach all den Krankheiten und familientraditionsträchtigen Fantastereien in vollen Zügen genießen – bis in die Sterne hinauf –, fassen und erleben.

*

»Bist du jetzt auch frei?« So fragte man frotzelnd mich. Nein!
Diese tiefste Freiheit – mauerblümchenfrei –
durch den Wind der Zeit, er allein bestimmt es,
gefangen, in diesem Reichtum als tiefst gebunden,
wie der Geburtenschrei – ihn zu leben und zu pflegen!

*

»Und die Fragen? Wer stellt sie dir?«
Der Wind: mauerblümchenfrei.

*

1

So wurden meine Antworten ständig neu:
Fragen!
»Bis?«, wandte die Hörerschaft ein.
Bis ich vor mir stand, wortbefreit und doch mit dem »alten
Wort« –meinem Reichtum –
Frage und Antwort tiefst selbst auszuleben.

2

Sie werden es nicht verstehen, da das Wort blieb.
Als Frage blieb der Wind: Die Antwort war die Stille im Raum
und in der Zeit.

3

So trug der Looping den Erdgeruch in mein Alter ein:
neu geboren zu sein.

4

»Das ist ein komisches Spiel!«, rief das Volk.
Ja, aber aus diesem Spiel wurde bitterster Ernst.
Die Antwort, sie war stets eine Frage
in dem Mauerblümchenkatalog.

5

Weisheit und Dummheit,
sie stehen außer Frage nur am Rande herum.

6

Dieser Rand, er ist der ungespritzte Ackerrand zwischen der
ertränkten Gülleerde, Leistungshysterie und dem Beton der
Alleen und der Fußgängerstege für das genormte Töten am
Menschen vorbei.

7

Ich bin so weit. Ich frage vordem. Und ich bekam den Wind
zu spüren. Anfangs war die Erde noch eine Scheibe. Sie blieb
es auch für mich: einbetoniert:
totgespritzt!

8

»Und?« Und in den letzten freien »unbegüllten Betonhäu-
serecken«, dort, wo man das Grün sich künstlich erhält, dort
tötet sich die überzüchtete Rasse Mensch im Wahnsinn, Masse
zu zeugen, um die Menschheit zu sein? Dahin!

9

»Und wo endet das?«, rief das Volk!
Wir sind mit aller Kraft dabei:
Krieg an Krieg etc.! ...

10

Hier, an dieser Stelle, ergießt sich jede Antwort in ein neues
Geschrei – Frage zu sein!

11

Und in dem Gerangel, Wahrheiten dort zu zeugen, wo die
Fahnen Bilder tragen als Wahrheiten in die Zeit?

12

Ungekürt lief die Show vor meinen Augen ab.
Die Religionen sollen es richten.
Die Religionen retten uns nicht. Wörter werden schnell zu Bildern. Aber Bilder waren verboten: so auch der Gülleüberschuss
auf den Äckern der Welt.

13

»Ich bin der Herr, dein Gott!« So beginnen die Gebote.
Aber, dieses **I c h** wurde Bild, und das Göttliche starb: Es
gebar den Menschen: im Willen zur Macht!

14

»Mensch, wo bist du?«, kam die Frage. Aber?
So ich zu mir: Du gabst die Antwort schon lange dir selbst.

15

»Hier ende ich mit meiner Frage.« Und die Umstehenden riefen:
»Du hast doch selbst im Fragen die Antwort gegeben!«
Und ich hatte es nicht einmal gemerkt!

Göttlich ist die Frage:
Bist du gewesen?
Dann kam die Klage,
sie stand zu lesen:

Geboren, das ist wahr,
so ich an der Tür zur Frage.
Da aber gebar sich das Märchen um zur Sage.

War ich wirklich geboren?
Dann wäre ich doch frei,
im Leib die Wahrheit zu leben?

Da bemerkte ich das Licht – erfroren –,
und die Lohe ward zum Einerlei:
Wörter allein zum Wort zu erheben.

A

Das Gemäuer war mein Lebenselixier: Geboren!
Die Hände erhoben, so gebar ich mich in mein Schicksal ein.

B

»Sage oder Märchen?« Das war hier die Frage.
Und ich begann. Was kam dabei heraus?
Zuerst eine Sage, dann wurde daraus ein Märchen.
»Und dann?«, fragten die Umstehenden.
Dann wurde dieser Reichtum wahr. Allein durch die Zeit! ...

C

Reich beschenkt: Ich lebe!
Ungezählt floss Wort für Wort auf das weiße Blatt Papier.

D

»Aber was ist dort Märchen?
Oder Sage?«

E

Und ich gab mir die Antwort
nur durch diese Frage.

F

»Und jetzt bist du im Alter reich?
Wieso denn das? Das könnten wir doch auch:
Alt geworden?«

G

Da ließ ich sie allein und schrieb meine Sage:
Das Gesagte mit und ohne Reim als meinen
Keim: im Alter einfach nur REICH zu sein!

H

Sie fragten noch lange so endlos vieles.
Aber ich hörte sie nicht mehr. Ich war allein
und doch zu zweit in meinem, dem SEIN.

… Sozusagen … Sogesehen …

»Euklid sagt: Einheit ist, wonach jedes Ding EINES genannt wird.«
»Zahl ist die Einheit der zusammengesetzten Menge.«
»Drei Punkte, die auf einer geraden Linie liegen, beschreiben immer einen Kreis!«
Nietzsche schrieb:
»Ich schreib nicht mit der Hand allein …
der Fuß will stets mit Schreiber sein.«
Auf dieser seiner geraden Linie allein führt der Verstand den 3. Punkt in Gedanken zum Kreise (Blickpunkt …) etc.! Der Verstand wird hier zum Nichtpunkt – und doch als der Punkt – Verbindung von Einheit und Zahl – zum EINES! … So schließt sich stets – gedanklich rein – mir der Kreis. Mit Hand und Fuß den Kreis zu erkennen, um sie als Fleisch – gleich Vielheit: Masse, sie nicht – sozusagen – umzubenennen.

»Ich habe mir selbst nachgeforscht«, schrieb Heraklit. Bei meinem kleinen Forschergang, ich muss gestehen: kann auch ich Hand und Fuß – mit Verstand und Theorie –, das Alter bietet sich gedanklich an, Einheit und Zahl im Kreise einzugliedern – BEIDES –, als Einheit und Vielheit zu verstehen. Nur? Manche Menschen wollen ohne Hand und Fuß BEIDES sein, und dort scheidet sich DER Glaube vom DAS Glauben!

Oft möchte ich ohne dieses »Hand und Fuß« daheim, einfach ein froher Gedanke sein – lichtbefreit – und damit schattenlos: ich, in meiner Muttersprache Wort … sozusagen … sogesehen …! usf. –

Dort, wo alle Fragen Antworten werden.
Auf der Linie, wo im Kreise dann alle Antworten Fragen werden.

Poesie ist im eigentlichen Sinne:
wortlos,
da das Licht der Gewinne
bloß

die Spiegelfläche eines Wortes ist.
Da begann
die Dunkelheit zu fragen. Vergisst
du nicht ›dort‹ den Baum,

den Almanach aufzublättern?
Sternerunzelnd aufzuschauen,
im Schwarz ein Weiß zu erkennen?

Poesie ruft in wortlosen Lettern
Einheit im tiefsten Vertrauen
lediglich die Einheit – Licht – zu benennen.

Sozusagen … Sogesehen …

Hand und Fuß
sich dort die Hände geben,
eigene Fragen
als Antwort zu erleben.

So wie Sokrates
in seinem Wahrheitsprozess,
im Staate
Einheit und Vielheit

zugleich zu sein: als Mensch
auch in seinem Staatslatein.
›Ich weiß, dass ich nichts weiß‹,
so er sein Wissen eingab.

Er befreite die Saat: im Staat!
Im Angesicht des Todes,
in seinem Hellas
REICH gewesen zu sein!

***

Ob er je verstand?
Da stellte ich mein Fragen ein,
je Mensch gewesen zu sein! …

Sozusagen ist das Wörterzählen,
mir die Atemluft zu stählen
in dem großen Handgemenge
so zu schlagen über alle Stränge.

*

Sogesehen ist mein Verstehen
nur ein ständig Weitersehen.
Bleib ich einst stehn, so im Gedränge,
öffnen sich in mir die Zwänge,
alles nur bei Licht zu sehn.

*

Ich atme aus, um den tristen
freien Atem aufzufrischen.
Kannst du mich verstehen? Nein?
Dann stehst du wie ich auf einem Bein!

*

… so wie der Storch, wenn er genossen
Frosch und der Heuschrecken Flossen!
»Fressen und Gefressenwerden«, so
des Volkes Mund. Und im Büro?
Dort stapelt sich die Morgensonne
ein in das Papier, frei und weiß wie Wonne,
unbeschrieben frei wie rein.
So mein Wort: nur Teil der Masse? … Stein!

*

Warum ich dennoch schreibe?
Worte, das ist meiner Woge Lauf.

*

Ich gehe, um zu sitzen,
jenes auszuschwitzen …

*

was dem Ich die Hände reicht,
in das iPhon eingeweicht.

*

Der Muttersprache fremd.
Der letzte Tropfen Blut:

*

mir die Seele klemmt
das Wort im letzten Hemd.

*

Im Nachfragen jedes Licht neu zu benennen.
Und in der Dunkelheit auch!

Die Frage Mauerblümchen wurde EINES?
Steine selbst, nur Anzahl – MENGE –
Tag um Tag – Jahr um Jahr, in dem Gedränge
Stein bei Stein, nur Zeit, sonst keines …

Reichtum, eines Wortes Teil
bot sich meiner Lüste feil.
Ich war gegangen, ständig bereit,
vom Steine im Looping befreit,

der Taten Kräfte mich nicht zu schämen,
einzutreten mit dem Geist der Zeit.
Reich geworden durch die Lebensstürme,

stets zu verlassen jenes Grämen,
den Blick des Sehens im Geleit
zu besitzen, so des Geistes Türme! …

Einheit ist mir das Licht
mein Wort.
Vielheit ist die breite Sicht:
ein Zahlen-Ort,

die Lichter wieder auszublasen.
Kerne deine Hände steuern,
die, so fern dem Rasen,
Blitze in den Himmel feuern,

am Firmament die Zeiten einzuläuten.
Versehen und Vergehen
setzen voraus,

Licht vom Dunkel stets zu häuten,
um jenen Kern zu verstehen:
das königliche Licht im eigenen Haus.

Im Looping sah ich die Welt
tagaus, tagein,
von oben und von unten.

*

Eingekehrt in meinen Reim
konnt' oben gleich
auch unten sein.

*

So gesehen ist der Sturzflug:
eingeplant ein Aufwärtsblicken,
der Sonne gleich Erdenworte zu beglücken.

*

Der Seele Geleit
vom Hass befreit, den neuen Tag
selbst anzukünden.

*

Gewesen, gelesen ist das Orakel,
›nichts zu wissen‹, demnach
jener Looping im Sein, gelöst vom Stein!

Mein erstes Buch
aus der Serie Leben
endete im Wort-Latein,
nie Mensch gewesen zu sein!

*

Zu groß war jener Schritt zurück,
›tötend, lärmend‹ durch die Welt
zu ziehen: nur um Mensch zu sein!

*

Das Licht im Licht erlosch.
Der letzte Keim, gülleplatziert,
vergab die Zahl der Zahl,
als Mensch nur Menge zu sein.

*

Da schloss ich mich meinem Lehrer
Nietzsche an, nicht mehr
menschzugehörig zu sein!

*

Einbetoniert die letzte Gasse
zwischen Feld und Stadt,
zwischen Fußweg und der Staaten Masse,
dort findet die Vernichtung statt.
Im Beichtstuhl sich dann selbst zu befrein …
Mensch: sündig zu sein! …

Schatten sind doch nur Lichtfilter
für des Auges Ruh.

*

Jede Mauer ist ein Trugschluss,
ein Ende abzusehen.

*

Die Regung des Lichtes hinter der Mauer
muss dem Worte nach
nicht Helligkeit bedeuten.

*

Manche Helligkeit wird
außerwörtlich manches Mal
nur Schein … Licht gewesen zu sein.

*

Und manches Wort wird allemal
nur Masse bleiben: so
mein Abschlussakkord.

***

80 Jahre Wegbegleiter: Worte!
Sprache wurde notgedrungen hier Verständigung.
Doch, wo sind die Orte alle nur geblieben –
euch und mir?

Eine Auswahl möchte ich an dieser Stelle treffen.
Aus dem Reiche der Symbole öffnet mir das Auge und die
Seele jene Welle,
die Verstehen bringen sollte, bis zur Sohle:

eingereiht in die Regale, Jahr um Jahr, Augenblick auf Au-
genblick.
Selbst das Herz, das dem Verstand die Weichen stellte,
war von der Geburt an oft nur Schmerz!

So, die Auswahl öffnete die Differenzen hin zum Schatten und
zum Licht.
Möchte Gut und Böse euch kredenzen.
Beide Seiten, das ist meine Lyrikpflicht!

Oft ist das Verstehen nicht allein am Wort gebunden.
Manches Mal wird selbst das Gut im Reden: List!
Darum möchte ich »romantisch-realistisch« euch bekunden,
dass im Schmerz das Licht euch nimmermehr vergisst.

Differenzen liegen wie zertretne Wörter auf der Straße.
Jeder Abstand löst ein Höhlengleichnis aus.
Jeder Glaube wird zum Lichte, in dem Maße,
wie DU verlässt mit dir dein eignes Haus.

Bruchteile

Teil des Bruches
ist immer
ein Ganzes.

Auch
wenn die Wissenschaft
sie Teile,
Bruchteil nennt.

Bruchteil
der Menschheit
sind die Poeten.

Ein kleiner
Teil
vom Bruch-
Teil: ich!

Weisungen aus dem All
sind mir das Blinzeln der Sterne,
wenn der Himmel
›wolkenverhangen‹
dem Sehenden
geschlossnen Auges
Wege weist!

Wenn das erste Weiß deinem Wort dir die Augen aller Sinne öffnet, dann allerdings besteht eine Möglichkeit, die Seiten blätternd umzuschlagen, um den Wörtern Farbe, Licht zu geben: Ton bei Ton!

***

Das Mauerblümchen-Looping

Geflogen ohne Drogen,
so liegt ein Wort in meiner Hand.
Und ich frage mich: Wer gab ein
den Code in die Synapsen,
so ins Licht hinauszutapsen?

Geflogen war ich allemal,
und durch die Hand
den Körper überwindend, flog
der Same Korn aufs weiße Blatt
und beschmutzte das Papier: ein Wort.

Muss eigentlich geflogen
immer Droge sein?
Da wurde aus dem Schmutz auf dem Papier
das Wörtchen Frühling: Sonnentau.

Und das weiße Blatt Papier färbte mir
den ganzen Äther: himmelblau!
Geflogen war ich ohne Drogen.
Das ist wahr, und trotzdem gelogen. Denn?

VI   Die Droge Wort, sie trug mich HEIM!

Unberührtes Blühen

Mein Gedicht ist die Stille
zwischen zwei Atemzügen.

Mein Gedicht ist der Lärm der Stille,
der das Blühen mir bringt aufs Papier.

Mein Gedicht ist der Übergang
von Sein und Zeit

zum Bild, die Knospe in Blüten
umzuwandeln! Mein Gedicht ist:

»Ich liebe, also lebe ich!«
… darum bin ich reich …